슬기로운
소비 생활

슬기로운 소비 생활

초판 1쇄 발행 2023년 8월 7일

글쓴이 조희정
그린이 김지하

편집장 천미진 | **편집책임** 최지우 | **편집** 김현희
디자인책임 최윤정 | **마케팅** 한소정 | **경영지원** 한지영

펴낸이 한혁수 | **펴낸곳** 도서출판 다림 | **등록** 1997. 8. 1. 제1-2209호
주소 07228 서울시 영등포구 영신로 220 KnK 디지털타워 1102호
전화 02-538-2913 | **팩스** 070-4275-1693 | **전자 우편** darimbooks@hanmail.net
블로그 blog.naver.com/darimbooks | **다림 카페** cafe.naver.com/darimbooks

ISBN 978-89-6177-317-1 73320

ⓒ 2023 조희정, 김지하

이 책 내용의 일부 또는 전부를 사용하려면 반드시 저작권자와 도서출판 다림의 서면 동의를 받아야 합니다.
책값은 뒤표지에 있습니다.

제품명: 슬기로운 소비 생활	제조자명: 도서출판 다림	제조국명: 대한민국

전화번호: 02-538-2913 | 주소: 서울시 영등포구 영신로 220 KnK 디지털타워 1102호
제조년월: 2023년 8월 7일 | 사용연령: 10세 이상

※ KC마크는 이 제품이 공통안전기준에 적합하였음을 의미합니다.

⚠ **주 의**
아이들이 모서리에 다치지
않게 주의하세요.

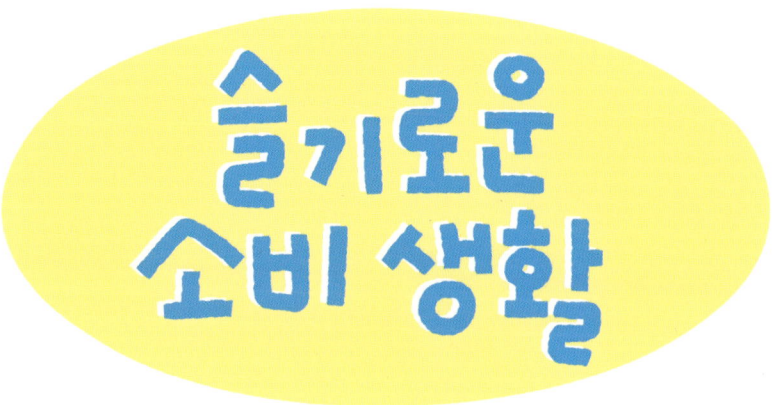

슬기로운 소비 생활

조희정 글 김지하 그림

다림

차례

들어가며 6

1장 슬기로운 편의점 쇼핑

없는 게 없는 편의점	12
1+1, 오늘은 땡잡은 날!	15
미끼 상품을 조심해!	17
낭비를 막는 마법의 주문	19
[부록] 나만의 꼼꼼한 소비 기준 정하기	20

2장 슬기로운 유행 아이템 쇼핑

철수도 사고 영희도 샀으니, 나도 사 볼까?	26
동조 소비와 밴드 왜건 효과	30
모으는 재미에 빠져 빠져	31
기회 비용을 따져 보자	34
충동구매를 부르는 말을 조심해!	35
충동구매를 예방하는 백신, 소비 언택트	39
[부록] 온갖 데이로부터 지갑 지키기	40

3장 슬기로운 마트 쇼핑

카트에 숨겨진 비밀	48
고객님, 여기는 드러눕는 곳이 아닙니다	50
쇼핑 계획 세우기	52
[부록] 착한 소비에도 관심을 가져 봐	54

4장 슬기로운 온라인 쇼핑

광고의 홍수에서 살아남기   62

광고는 우리의 SNS에도 파고들어   64

돈으로 혼쭐을 내 주는 SNS의 힘   68

[부록] 합리적인 소비를 방해하는 랜덤 박스   70

5장 슬기로운 무인 매장 쇼핑

사장과 점원이 사라진 가게   76

화폐가 사라지는 세상   80

[부록] 계산대가 없는 여기는 아마존 고   84

6장 슬기로운 용돈 관리

용돈 기입장을 쓰자   90

통장 만들기 완벽 정리   94

체크 카드 만들기 완벽 정리   96

[부록] 아무것도 사지 않는 날   100

나가며 102

들어가며

"대한민국에 금쪽이가 살고 있었어요. 금쪽이는 갖고 싶은 물건이 무척이나 많았어요. 하지만 걱정할 필요가 없었지요. 금쪽이를 사랑하는 부모님과 친척들은 금쪽이에게 더 좋은 물건을 더 많이 사 주고 싶어 했거든요. 금쪽이는 아직 지갑도 없고, 통장도 없었지만 아빠, 엄마는 물론 할아버지, 할머니, 삼촌, 이모, 고모가 있어요. 외가와 친가를 합치면 여덟 개의 황금 지갑을 갖고 있는 셈이었어요."

해가 갈수록 태어나는 아이들이 점점 줄어들고 있다는 얘기를 뉴스에서 들어 본 적이 있을 거야. 아이를 적게 낳는 현상을 가리켜 저출산 현상이라고 하지. 2022 세계 인구 현황 보고서에 따르면, 우리나라의 여성 한 명이 평생 낳을 것으로 예상되는 평균 아이 수는 1.1명으로 세계 꼴찌나 다름없는 198위를 기록했어.

약 20년 전부터 시작된 저출산 현상은 현재 심각한 사회적 문제가 되어 버렸지. 가정의 자녀 수가 점점 줄어들게 되면서 지금 아이들은 어른들의 사랑과 관심을 한 몸에 받으며 자라나고 있어. 그리고 그 사랑과 관심은 아이에게 더 좋은 것, 더 비싼 것을 사 주는 것으로 표현되기도 하지. 그렇다 보니 언제든 열릴 준비가 되어 있는 황금 지갑을 가진 아이들이 점점 많아진 거야.

황금 지갑을 가진 아이들에게 소비는 친숙하면서도 매우 쉬운 일이야. 그리고 물건과 서비스를 만들어 파는 기업들도 이 사실을 잘 알고 있지. 그래서 아이들이 혹할 만한 광고를 만들어 퍼트린단다. 아이들의 마음을 움직여야 그들을 향한 황금 지갑도 열릴 테니 말이야. 유튜브, TV, SNS의 수많은 광고들은 좀 더 빨리, 좀 더 자주 지갑이 열리도록 부추기고 있어.

소비로 둘러싸인 세상에서 살아가는 우리에게 지혜로운 소비 습관이 더욱 필요해진 거야. 우리가 살고 있는 사회에서 돈은 매우 중요하고, 살아가는 데에 꼭 필요한 자원이야. 하지만 돈으로 할 수 있는 일에는 소비만 있는 게 아니거든. 소비보다 더 재미있고 의미 있는 일들도 많단다. 그리고 그런 일을 하기 위해서는 불필요한 지출을 줄이고, 미리 계획을 세워 용돈을 관리하는 현명한 소비 습관이 필요하지.

그럼, 지금부터 날 위한 소비는 무엇이고, 어떻게 하면 슬기로운 소비 생활을 할 수 있을지 하나씩 알아볼까?

1장

슬기로운 편의점 쇼핑

없는 게 없는 편의점

자, 문제를 한번 내 볼게. '○○○에 가면 라면도 있고~ ○○○에 가면 삼각김밥도 있고, ○○○에 가면 포켓몬 빵도 있고…' 여기서 ○○○은 어디일까? 그래, 바로 없는 게 없는 편의점이야. 편의점에선 삼각김밥, 음료수, 라면과 같은 간식거리뿐만 아니라 웬만한 생필품과 문구류까지 팔고 있어. 또 택배도 보내고 돈도 뽑을 수 있지. 태어나서 지금까지 한 번도 재래시장에 가 본 적이 없는 친구들도 있을 거야. 하지만 편의점에 가 보지 않은 친구를 찾기는 어렵지. 참새가 방앗간을 그냥 지나치지 못하듯 매일 습관처

럼 편의점에 들른다는 아이들도 있어.

초등학생들의 편의점 이용은 점차 늘고 있어. 우리 주변에서 흔히 찾을 수 있고, 쉽게 이용할 수 있는 쇼핑 공간이기 때문이야. 주위를 둘러봐. 학교 앞, 집 주변, 도로 곳곳에 널리고 널린 게 편의점이거든.

우리나라에는 5만 개가 넘는 편의점이 있다고 해. 대한민국에 있는 초등학교 수가 약 6천 개 정도인데, 이보다 여덟 배 이상 많은 셈이니 우리 주위에 얼마나 많은 편의점이 있는지 감이 오지? 실제로 길을 걷다 보면 100미터도 안 되는 간격으로 편의점이 들어서 있는 걸 볼 수 있어.

산업통상자원부의 보고에 따르면 대형 마트 점포 수는 매해 감소하는데 반해 편의점 점포 수는 점점 늘고 있다고 해. 심지어 우리나라의 편의점은 이제 해외에서도 찾아볼 수 있단다. 몽골과 말레이시아, 베트남에 진출한 국내 편의점(GS25·CU)의 점포 수는 700여 개에 이른다는구나.

이제 편의점은 사람들에게 대형 마트보다도 더 친숙한 쇼핑 공간이 되어 버렸어. 2021년에는 편의점 3사의 매출이 대형 마트 3사를 앞질러 버렸지. 유통업계의 절대 강자였던 대형 마트는 이제 편의점에게 그 자리를 내주었단다. 어디 한번 뉴스 기사로 자세히 살펴볼까?

> 뉴스 기사

대형 마트 매출 따라잡은 편의점… 지난해 첫 역전

(서울=연합뉴스) 황희경 기자 = 지난해 편의점 3사의 매출이 대형 마트 3사보다 많았던 것으로 나타났다.

2일 산업통상자원부의 2021년 주요 유통업계 매출 동향 자료에 따르면 지난해 GS25와 CU, 세븐일레븐 등 편의점 3사의 매출이 전체 유통업계에서 차지하는 비율은 15.9%로 이마트와 롯데마트, 홈플러스 등 대형 마트 3사 비중 15.7%를 근소하게 앞질렀다. (중략)

대형 마트는 점포 수가 2020년 396개에서 지난해 384개로 줄어든 데다 다중이용시설 기피 등까지 겹치면서 잡화, 가정, 생활, 가전·문화, 식품 등 대다수 상품군에서 매출이 줄었다. 반면 편의점은 근거리·소량 구매 경향이 확산하면서 가공·즉석식품을 포함한 식품군 매출이 늘고 담배 등의 매출도 증가했다.

편의점 업계 관계자는 "10년 전만 해도 유통업계에서는 대형 마트가 절대 강자였다."면서 "여러 요인이 있지만 코로나19 사태가 매출 순위의 지각 변동을 가져온 큰 계기로 작용한 것 같다."고 분석했다. (후략) (2022. 2. 2)

ⓒ 연합뉴스, 무전 전재 및 재배포 금지

편의점은 대형 마트보다 공간도 좁고, 판매하는 상품 수도 훨씬 적은데 왜 사람들의 편의점 이용은 점점 늘어나고 있을까?

가장 큰 이유는 1인 가구가 많아졌기 때문이야. 현재 우리나라에 혼자 살고 있는 사람들은 전체 가구 수의 1/4정도라고 해. 즉, 네 명 중 한 명은 혼자 살면서 혼자서 요리하고, 밥 먹고, 생활하는 거지. 이렇게 여러 명이 아니라 혼자서 살아가게 되면 생활 방식 또한 달라지게 되는데, 가장 큰 변화는 '소비'에서 찾아볼 수 있어. 특히 함께 거주하는 가족이 없으니 식료품이나 생활용품은 적은 양을 구매하는 경우가 대부분이지. 결국 이러한 소비 형태의 변화로 인해 사람들은 대형 마트에서 대용량의 물품을 구매하기보다 편의점에 자주 들러 소량씩 구매하게 되는 거야. 이를 통해 삶의 방식이 달라지면 우리의 소비 방식 또한 달라진다는 걸 알 수 있어.

1+1, 오늘은 땡잡은 날!

편의점 안으로 들어서면 금방 눈에 띄는 문구가 있지. 오늘도 나의 지갑을 열게 하는 유혹의 문구! 하나를 사면 하나 더, 1+1! 두 개를 사면 하나 더, 2+1!

가끔은 3+2, 4+1이라는 신선한 숫자의 조합도 보여. 이런 문구를 보자마자 넌 무슨 생각이 먼저 드니? 단지 간식 하나를 사 먹으려고 했을 뿐인

데, 한 개를 더 챙겨 준다고 하니 왠지 모르게 횡재한 기분이 들 수도 있어. 편의점 사장님이 날 위해 선물을 준비한 것 같기도 하고 말이야.

어찌 보면 당연하다고 볼 수 있어. 한 개를 사려고 했는데, 하나를 덤으로 더 준다니 기분이 좋을 수밖에. 그래서 어떤 날은 이런 문구가 붙어 있는 상품이 있는지부터 살피게 되지. 실제로 편의점의 플러스 원 전략은 많은 사람들의 지갑을 열게 한단다. 이런 걸 소비자의 구매 욕구를 높인다고 하지.

소비자들은 여러 가지 기준을 두고 물건을 구매해. 물건이 얼마나 저렴한지, 얼마나 멋지고 세련됐는지, 얼마나 튼튼하고 안전한지 등을 따지며 구입하지. 가격, 품질, 디자인 등의 구매 기준 중에서 소비자들의 구매 욕구를 가장 많이 자극하는 건 단연 가격이야. 너 역시 '가성비'라는 말을 들어 본 적이 있을 거야. 가성비란 '가격 대비 성능 비율'의 줄임말인데, 제품이나 서비스의 성능이 비슷한 물건들 중에서 가격이 저렴한 것일수록 가성비가 높다고 말해.

'1+1'이라는 문구를 보면 소비자들은 저절로 '반값' 또는 한 개는 '덤'이거나 '공짜'라는 생각을 하게 돼. 이런 생각은 가성비를 찾는 소비자들의 마음을 쉽게 흔들지. 처음에는 물건을 구매할 마음이 없었던 소비자도 이런 문구를 보게 되면 지갑을 열게 되는 거야. 마치 '득템'을 한 것 같은 느낌을 받거나, 적은 돈으로 큰일을 해냈다는 기쁨을 누리는 거지. 이런 사람들의 심리를 적극 이용하는 게 바로 플러스 원 전략이란다. 이렇게 기획된 상품을 가리켜 미끼 상품이라고 해. 낚싯줄의 미끼가 물고기를 유인하듯, 미끼 상품이 소비자를 유혹하기 때문이야.

미끼 상품을 조심해!

플러스 원 딱지가 붙은 상품들은 편의점 곳곳에 자리 잡고 있어. 그리고 우리는 마치 보물을 찾듯 편의점 안을 둘러보게 돼. 그냥 매대를 한 바퀴 돌았을 뿐인데 장바구니엔 이것저것이 채워져 있고, 나는 어느새 지갑을 열고 있지. 미끼 상품은 이렇게 애초에 계획했던 소비가 아니라 뜻하지 않은 소비, 내가 의도하지 않은 소비를 하게 만들어.

　미끼 상품에는 또 다른 전략이 숨어 있어. 기업은 적은 돈을 들여서 더 많은 이익을 얻는 것을 목표로 해. 그런데 플러스 원 같은 가격 할인 행사를 계속하게 되면 분명 기업에는 손해가 될 수 있는데, 왜 이런 행사를 기획하는 걸까? 그건 신제품을 홍보하거나 잘 안 팔리는 물건을 처리하기 위해서야. 다시 말해 기업이 마음씨가 착해서, 편의점 사장님의 인심이 후해서 '1+1' 딱지를 여기저기에 붙여 놓은 게 아니라는 말씀!

낭비를 막는 마법의 주문

원래는 사려고 했던 물건이 아닌데, 왠지 안 사면 내가 손해라는 생각이 들면서 1+1 또는 2+1 물건을 사게 되는 건, 현명한 소비라고 할 수 있을까? 나에게 필요한 물건을 싸게 사는 건 합리적인 소비가 맞지만, 필요하지 않은 물건을 싸게 사는 건 결국 낭비에 불과해. 그렇다면 우리는 유혹이 가득한 편의점에서 어떻게 하면 슬기롭게 쇼핑을 할 수 있을까?

일단 편의점에 가는 우리들의 모습을 떠올려 보자. 간식을 사거나 심부름을 할 때 가기도 하지만, 학교 끝나고 또는 학원 끝나고 친구들과 자연스럽게 편의점에 들르기도 해. 하지만 이렇게 단순히 즐거움을 위해, 혹은 기분 전환을 위해 들르다 보면 소비가 곧 '습관'이 돼. 편의점은 놀이터가 아니라는 걸 기억하고, 꼭 필요한 물건이 있을 때만 들르도록 하는 거야.

그리고 플러스 원 딱지가 붙어 있는 상품에 저절로 손길이 갈 땐, 잠시만 멈춰서 스스로 주문을 외워 보는 거야. "이것이 지금 나에게 꼭 필요한가?" 물음에 답을 한 다음 사는 걸 결정해도 늦지 않아. 필요하지 않은 물건을 얹어 사는 건 득템이 아니라 낭비라는 걸 꼭 기억하렴.

만약 나에게 필요한 것이라 해도 삼각김밥이나 유제품같이 빨리 상하는 음식의 경우, 필요 이상을 얻게 되면 처치하기가 곤란해져. 그러니 상품의 소비 기한도 꼭꼭 확인하자. 우리에겐 건강도 용돈도 모두 소중하니까.

부록

나만의 꼼꼼한 소비 기준 정하기

"이것이 지금 나에게 꼭 필요한가?"라는 질문을 거친 뒤, 물건을 사기로 결심했을 때 우리는 종종 또 다른 선택지와 마주하게 돼. 예를 들어 삼각김밥의 경우, 여러 가지 맛 중 하나를 골라야 하거든. 혹은 몇백 원 더 비싸지만 큰 것을 고를 수도 있지. 혹은 포장지의 광고 모델을 보고 고르거나, 음료수를 추가로 할인해 주는 삼각김밥을 고를 수도 있어. 물론, 삼각김밥의 경우 비교적 가격대가 낮으니까 이러한 것들을 오래 고민하지 않을지도 몰라. 하지만 훨씬 비싼 물건이라면? 우리는 조금 더 신중해지겠지.

보통 물건을 살 때 크게 고려하는 소비의 기준으로는 가격, 디자인, 품질 등이 있어. 이 기준의 우선순위는 사람마다 다 달라. 이번엔 책가방을 산다고 가정해 보자. 누군가는 디자인이나 품질보다 가격이 가장 저렴한 제품을 고를 것이고, 또 누군가는 가격이나 품질과 상관없이 디자인이 마음에 드는 책가방을 고르기도 해. 가방은 뭐니 뭐니 해도 튼튼해야 한다고 생각한다면 품질을 가장 우선으로 두고 고르게 될 거야. 다시 말해 소비의 기준이란 그 물건을 선택하게 되는 이유라고 할 수 있지.

나에게 이 물건이 왜 필요한지 정확하게 알고, 소비 기준을 세워 두면 물건을 고를 때 선택이 조금 더 수월해진단다. 그리고 내가 원하는 요소를 갖춘 물건을 갖게 됐을 때 얻는 만족감도 크겠지. 흔히 가장 좋은 선택은 적은 돈과 시간을 들여 큰 만족을 얻는 것이라고 해. 이를 '합리적 소비'라고 한단다.

이제 너만의 소비 기준을 세워 볼까? 너에게 필요한 물건 중 하나를 골라 소비 기준을 적어 봐. 그리고 왜 그러한 기준을 세웠는지 이유를 생각해 보자.

· 선택한 물건 : _____

· 소비 기준 (가격, 디자인, 품질, 브랜드 등)

  1. _____
  2. _____
  3. _____

· 소비 기준의 이유 : _____
_____

2장

슬기로운 유행 아이템 쇼핑

포켓몬 빵 증후군

철수도 사고 영희도 샀으니, 나도 사 볼까?

24년 만에 재출시된 포켓몬 빵은 대중들로부터 엄청난 관심과 사랑을 받았어. 포켓몬 빵을 사기 위해 한두 시간 줄 서기는 기본, 주변의 편의점을 모두 돌며 편의점 원정을 떠나는 사람도 있었지. 심지어 가족이 다 같이 이 원정을 함께한다고 해. 편의점에 빵이 들어오는 시간을 알람으로 설정해서 새벽부터 줄 서는 사람들, 혹은 그 줄을 대신 서 주고 돈을 받는 사람들까지. 대체 이 빵이 뭐라고, 빵 하나에 울고 웃고 하는지…. 빵을 얻기 위해 난민처럼 떠돈다고 해서 '포켓 난민'이라는 신조어가 생겨났을 정도지.

> 뉴스 기사

마스크 대란보다 더한 포켓몬빵 '오픈런'…
"새벽 2시부터 줄 섰다."

지난 3일 서울 노원구 이마트 트레이더스엔 새벽부터 긴 줄이 이어졌다. 포켓몬 빵을 사기 위해 번호표를 받으려는 이들이었다. 대기 줄은 오전 2시쯤부터 생겨나 동틀 무렵엔 자녀에게 빵을 사 주려는 부모와 어린이 등 100명가량이 서 있었다. 오전 7시에 도착한 김 모(42) 씨는 "애들이 포켓몬 빵을 먹어 보고 싶다기에 남편과 함께 2시간 동안 기다렸는데 번호표는 구경도 못 했다."고 한숨을 쉬었다.

5일 유통업계에 따르면, 16년 만에 재출시된 '포켓몬 빵' 열풍이 날이 갈수록 거세지고 있다. 편의점이나 소매점에 비해 물량이 많이 들어오는 대형 마트에선 '오픈런(매장 문이 열리자마자 달려가는 것)' 현상이 예사로 벌어진다. 신종 코로나바이러스 감염증(코로나19) 확산 초기였던 2년 전 '마스크 대란' 때보다도 제품 구하기가 어렵다는 반응도 나온다. (후략)
(2022. 4. 6)

ⓒ 한국일보, 무전 전재 및 재배포 금지

포켓몬 빵 대란은 오프라인에서만 일어난 일이 아니야. 온라인 SNS에서도 빵을 사고파는 글들을 쉽게 볼 수 있었지. 처음에는 포켓몬 빵이 세상에 있는 줄도 몰랐던 사람들도 궁금해지게 됐어. 입소문을 타고 너도나도 따라 사니까 나도 사고 싶은 마음이 몽글몽글 생겨났거든.

포켓몬 빵의 유행에는 유튜브나 인스타그램에서 활동하는 인플루언서들의 역할이 컸다고 할 수 있어. 인플루언서들은 자신의 채널이나 SNS에 편의점 빵 구매 인증 샷을 올리면서 유행을 주도했지. "어머! 아직도 포켓몬 빵을 못 샀나요? 유행에 발 빠른 나는 이만큼이나 사 모았답니다. 여러분도 얼른 이 구매 행렬에 동참하세요~"라면서 말이야.

이런 구매 인증 사진과 글이 많아지면서 주위에도 포켓몬 빵을 손에 넣은 사람들이 점차 늘어났어. 그럴수록 아직 빵을 사 보지 못한 사람들은 안달이 날 수밖에. 왜냐하면 사람은 어딘가에 소속되고 싶어 하는 본능을 갖고 있거든. 네가 옆 반 친구들보다 같은 반 친구들 안에서 더 큰 안정감을 느끼는 건 ○학년 △반의 일원이라는 소속감을 갖고 있기 때문이야. 우리 반 철수도 사고, 영희도 사니까 나도 빨리 포켓몬 빵을 사서 경험담을 나누고 싶다는 마음이 이와 같지.

이렇게 많은 사람들이 선택한 것을 따르거나 그 무리 안에 들어가려고 하는 것을 '동조 성향'이라고 한단다. 포켓몬 빵을 사는 사람들의 심리 역시 이러한 동조 성향의 영향을 받았다고 할 수 있어. 처음에는 물건에 대해 '전혀 관심이 없던 사람'에서 '관심이 생겨 버린 사람'이 되고, 점차 그 물건을 '사고 싶은 사람'이 되었다가 결국에는 '사고야 마는 사람'으로 바뀌게 되는 거야.

　동조 성향은 물건을 구입할 때뿐만 아니라 어떤 행동을 취할지 결정할 때도 나타나. 집단의 행동이 개인에게 어떤 영향을 끼치는지 보여 주는 재미있는 실험이 있는데, 바로 '애쉬의 엘리베이터 실험'이야.

보통 사람들은 엘리베이터 안으로 들어서면 문 쪽을 바라보고 서게 되잖아? 엘리베이터가 현재 몇 층인지 확인하며 내릴 준비를 해야 하니까. 하지만 실험에서는 사람들이 모두 문을 등지고 서 있게 했어. 그랬더니 무슨 일이 벌어졌게? 엘리베이터에 새로 탄 사람이 이미 타고 있는 사람들을 따라 똑같이 문을 등지고 서더라는 거야. 정말 놀랍지 않니? 친구 따라 강남 간다는 속담이 딱 맞았어.

동조 소비와 밴드 왜건 효과

동조 소비란 자기 의사와는 상관없이 남이 소비하는 것을 따라 소비하는 것을 말해. 나에게 필요해서 물건을 사는 게 아니라 다른 사람들과 같은 경험을 공유하면서 소외되지 않으려고 하는 소비지.

특히 어린이와 청소년들은 가족보다도 친구, 연예인이나 운동선수 같은 대중 스타에 관심을 두면서 그들의 말과 행동에 크게 영향을 받아. 그리고 그 영향력은 동조 소비로 이어지게 되지. 스타와 같은 옷을 입거나 같은 음식을 먹을 때 그들과 가까워진 것 같은 기분이 들곤 하거든. 그래서 이런 심리를 이용해 많은 기업들은 대중 스타와 유튜버 같은 인플루언서를 내세워 광고를 하고 어린이, 청소년들의 동조 소비를 부추기는 거야.

동조 소비와 비슷한 의미를 지닌 '밴드 왜건 효과', '펭귄 효과'라는 말이 있어. 밴드 왜건은 축제나 행사에서 악대를 싣고 행렬의 선두에 서는 차를 가리키는데, 미국 서부 개척 시대에 금광을 발견하면 이 밴드 왜건이 시끄러운 곡을 연주하며 사람들을 이끌었다고 해. 앞의 사람들이 밴드 왜건을 따라 걸어가는 걸 보고 다른 사람들도 그 뒤를 자연스레 따라가게 되는 모습이 마치, 주변 사람들이 사면 따라 사고 싶어 하는 소비 심리와 비슷해 보인다며 미국의 경제학자 하비 라이벤스타인이 만들어 낸 말이지.

또 누구는 이런 모습을 보고 펭귄 효과라는 말을 만들어 냈어. 남극에 사는 펭귄들이 바다에 뛰어드는 모습을 관찰하고 이렇게 이름 지었지. 남극의 펭귄들은 바다에 뛰어들 때, 처음엔 우물쭈물하지만 맨 앞의 한 마리가 풍덩 뛰어들면 뒤에 있던 나머지 펭귄들도 우르르 뒤따라 뛰어든다고 해. 이러한 펭귄들의 습성은 가끔 우리가 물건을 살 때 보이는 모습과 비슷하지. 누군가 처음으로 물건을 산 뒤에 이걸 SNS를 통해 여기저기 광고하면 처음에는 그 물건에 관심이 없던 사람들도 따라서 사게 되는 모습 말이야.

모으는 재미에 빠져 빠져

빵 속에 들어 있는 스티커, 초콜릿 속에 들어 있는 장난감이나 캐릭터 피규어 등…. 이들은 식품 속에 들어 있지만 먹을 수는 없지. 그렇다면 왜 식품 속에 먹을 수도 없는 스티커, 장난감 등을 넣어 놨을까? 어른들은 분명 음식으로 장난치면 안 된다고 했는데 말이야.

그건 바로 소비자들의 모으는 재미를 자극해서 계속 소비하도록 부추기기 위해서야. 빵이나 초콜릿처럼 아이들이 좋아하는 간식에 다양한 종류의 장난감이나 스티커를 함께 넣어 캐릭터 제품을 뽑는 재미와 모으는 재미를 느끼게 하려는 거지. 그 재미에 빠진 사람에게는 빵과 초콜릿의 맛과 가격보다, 포장 속에 어떤 장난감과 스티커가 들어 있는지가 더 중요한 소비의 기준이 되어 버려.

원래 사람은 누구나 무언가를 모으고 싶어 하는 욕구를 가지고 있어. 어떤 사람은 희귀한 동전을 모으기도 하고, 우표를 수집하거나, 여행한 나라의 기념품을 모아 전시하기도 하지. 평생을 신어도 다 신지 못할 만큼 많은 운동화를 모아 집 한편에다 진열해 놓는 사람도 있고 말이야. 필요해서가 아니라 모으고 쟁여 두는 일, 그 자체에 만족감을 느끼는 거야.

수집 욕구를 불타오르게 해서 소비를 부추겼던 상품의 원조는 맥도날드의 해피밀이야. 해피밀은 어린이 손님을 위해 제공하는 세트 메뉴인데, 장난감을 메뉴 속에 포함해서 팔고 있지. 1979년부터 판매하기 시작한 해피밀 세트에는 영화 속 주인공이나 유명한 캐릭터를 본뜬 피규어까지 다양한 장난감이 들어 있어 많은 소비자들의 사랑을 받아 왔어. 특히 어린이

소비자들에게 말이지.

 이런 상품들은 어린이 소비자들이 좋아하는 캐릭터 스티커나 장난감 피규어가 나올 때까지 계속해서 사도록 유도해. 그리고 이 함정에 빠진 소비자는 햄버거, 빵, 아이스크림 등의 맛이 형편없거나 가격이 조금 비싸도 괜찮는 생각을 하게 되지. 안에 들어 있는 스티커와 장난감만 좋은 게 나온다면야 그 정도는 얼마든지 감수할 수 있으니까. 특히 우리 반 친구 누구에게도 없는 물건, 일명 레어템이 나오면 그야말로 최고의 소비를 한 것 같은 기분에 휩싸이지.

 이런 소비의 함정에 빠지는 이유는 식품 속의 스티커와 장난감이 구입한 상품의 보너스처럼 소비자들에게 인식되기 때문이야. 마치 공짜로 주어지는 선물 같은 느낌이랄까? 사실은 그 또한 상품값에 포함되어 있는데도 말이야.

이미 충분히 가지고 있는 사람들에게 더 많이 가지라고 부추기려면 수집 욕구를 자극하는 수밖에 없어. 당장에 필요한 물건은 아니지만 하나씩 모아서 컬렉션을 완성해 보라고 미션을 주는 거지. 남들은 가질 수 없는 것을 나만 소유하고 있다는 짜릿한 만족감을 노리는 거야.

하지만 내가 원하는 스티커를 뽑을 때까지 빵을 찾아 원정을 떠나거나, 초콜릿은 사 놓고 먹지도 않으면서 그 안의 피규어만 수집하는 모습을 과연 현명한 소비라고 할 수 있을까?

물건을 어떤 필요에 의해 사는 게 아니라 수집 그 자체가 목적이 되어 버리는 건 위험한 일이야. 단지 '갖는 것'을 목적으로 하기 때문에 소비자는 물건을 갖고 난 다음에는 즐거움을 더 이상 느낄 수가 없게 돼. 그러면 더 새로운 자극, 더 큰 만족을 느끼기 위해 계속해서 물건을 사들이게 되는 거야. 점점 소비에 중독되어 가는 거지.

기회비용을 따져 보자

지갑을 열기 전, 잠깐 멈추어 생각해 봐. 나는 지금 필요에 의해 물건을 사는 건지, 아니면 단지 모으는 게 좋아서 물건을 사는 건지 말이야. 혹시라도 나도 모르게 모으는 재미에 빠져 있다면, 내가 그동안 구입했던 물건들을 한데 모아 놓고 계산기를 두드려 보는 것도 좋은 방법이야. 그 물건들을 모두 모으는 데 쓴 돈이 총 얼마인지 눈으로 직접 확인해 보는 거지. 그리고 그 돈이 있었더라면 내가 할 수 있는 일에는 어떤 것들이 있는지 떠올려 보자. 생각 보다 큰 금액에 한 번 놀라고, 그 돈으로 할 수 있는 일들이 많다는 것에 또 한 번 놀랄걸?

소비할 때 어느 하나를 선택한다는 건, 다른 것을 소비하는 걸 잠시 미루거나 포기하는 것이기도 해. 용돈으로 1만 원을 받았다고 가정해 볼까? 1만 원으로 평소에 갖고 싶었던 무언가를 살 수도 있고, 우선 쓰지 않고 저축을 할 수도 있고, 주식에 투자할 수도 있어. 만약 소비를 선택했다면, 저축과 투자는 할 수 없게 되지. 이처럼 하나를 선택함으로써 포기하게 된 가치를 '기회비용'이라고 한단다. 기회비용을 따지는 습관을 기르면, 나에게 꼭 필요한 물건과 지금은 당장 없어도 되는 물건이 무엇인지 구별하는 힘이 생긴다는 걸 기억해!

충동구매를 부르는 말을 조심해!

애초에 계획하지 않았는데 어쩌다 보니 갑작스럽게 소비하는 것을 충동

구매라고 해. '매진 임박'이라는 말에 안 사면 큰일 날 것 같은 기분에 사로잡혀 물건을 구입하거나, 친구가 사니까 나도 따라 사거나 하는 경우가 그에 해당하지. 충동구매를 하면 필요 없는 물건을 사게 될 확률이 높아. 반복될 경우에는 돈 낭비로 이어지는 건 당연한 일이겠지?

나도 모르게 충동구매를 저지를 때 우스갯소리로 '지름신이 오셨다.'라는 말을 하지. 지름신은 충동적으로 구매한다는 의미의 '지르다'의 명사형 '지름'과 '신'이 합쳐진 말이야. 따라서 지름신이란 소비를 마구 부채질하는 신 정도라고 할 수 있겠지? 이제는 소비를 관장하는 신까지 등장하다니,

우리가 정말 소비로 둘러싸인 세상에서 살고 있다는 게 실감이 나.

계획하지 않은 소비를 한 뒤에, 지름신이 오셔서 나도 어쩔 수 없었다고 말하는 사람들이 있어. 이런 말은 물건을 구입하기로 결정하고 돈을 지불한 건 나인데, 그에 대한 책임은 내가 아닌 누군가에게 떠밀고 있는 거지. 내가 절제하지 못해서 충동적으로 물건을 구매했으면서도 지름신이라는 눈에 보이지 않는 신을 들먹이며 핑계를 대는 거야.

건전하지 못한 소비를 일컫는 말은 또 있어. 재물 따위를 흥청망청 다 써서 없앤다는 뜻의 '탕진'과 재미를 뜻하는 '잼'을 합친 신조어로 '탕진잼'이라는 말이 바로 그거야. 특히 가격이 비싸지 않은 물건들을 소소하게 탕진하는 재미를 일컫는다고 해.

하지만 '탕진잼'이란 단어는 물건을 사는 것을 기분 전환을 위한 가벼운 놀이라고 생각하게 만들지. 물론 소비를 통해 사람들은 즐거움을 느끼고, 행복을 얻어. 사랑하는 가족이나 친구들을 위한 선물을 준비하고 건네 봤던 경험이 있다면 누구나 공감할 거야.

그렇지만 쇼핑을 가벼운 놀이라고 생각하는 건 위험한 일이야. 돈으로 할 수 있는 일은 정말 많지만, 우리가 가진 돈은 정해져 있기 때문에 결국 선택을 해야 해. 이 돈으로 갖고 싶은 물건을 살지, 아니면 다른 일에 쓸지 말이야. 물건을 선택하는 순간, 그 돈으로 할 수 있는 또 다른 기회들은 사라져 버리거든. 앞에서 이야기한 기회비용, 기억나지?

돈으로 할 수 있는 일에는 소비만 있는 게 아니야. 저축, 투자, 기부도 할 수 있지. 돈을 충분히 모은다면 더 가치 있는 일들도 할 수 있단다. 다행히 돈은 썩지 않아서 오래 보관할 수 있거든. 그러니 이 돈으로 할 수 있는 또 다른 일들을 생각해 보지 않고 쉽게 써 버리는 건 큰 실수란다.

그 밖에도 돈이 많다는 걸 과시할 때 쓰는 '플렉스'라는 말이 있어. 한마디로 돈 자랑을 한다는 거야. 원래는 '팔다리 등을 구부리다', '준비 운동으로 몸을 풀다' 정도의 의미를 가지고 있었는데, 운동으로 다져진 근육을 자랑할 때 쓰이며 '과시하다'라는 의미가 더해졌고, 최근에는 돈 자랑을 한다는 의미로 바뀌게 되었지.

충동구매를 예방하는 백신, 소비 언택트

이처럼 우리 주변에는 잘못된 소비를 단순한 실수로 포장하며 충동구매를 부추기는 말들이 많단다. 기업과 광고 회사들은 소비자의 마음을 흔들어 지갑을 열 방법을 매일 연구하지. 그렇기 때문에 충동구매를 줄이려면 우리도 전략적인 노력이 필요해.

1장에서 마법의 주문 하나를 배웠지? "이것이 지금 나에게 꼭 필요한가?" 일단 손을 멈추고 고민해 보는 거야. 그런데 나한테 꼭 필요한 물건인지 아닌지 헷갈린다면? 혹은 꼭 필요하진 않지만 너무 갖고 싶다면?

2단계로 넘어가자. 장바구니 묵히기! 온라인 쇼핑몰이라면 갖고 싶은 물건을 일단 장바구니에 넣어 놓고 3일 이상 고민해 보는 거야. 오프라인이라면 일단 가게를 나온 뒤 다른 곳에 시선을 돌려 보는 거지. 쉽게 일어난 구매 충동은 쉽게 수그러들기도 하거든.

사실, 가장 좋은 방법은 따로 있어. 바로 접촉하지 않는 거야. 쇼핑이 바이러스도 아닌데 언택트라니, 과한 처세가 아닐까 싶기도 하지만, 자주 보고 듣는 것만큼 강력한 유혹은 없어. 아이쇼핑을 한다거나 SNS, 유튜브 속 광고를 자꾸 보면 사고 싶어지거든. 그러니 가장 좋은 방법은 쇼핑 장소에 가지 않는 거야. 온라인에선 SNS나 유튜브 접속을 줄여야겠지? 언택트가 최고의 백신이라는 걸 기억하자.

부록

온갖 데이로부터 지갑 지키기

요란하게 일었다가 흔적도 없이 사라지는 유행이 있는가 하면, 특정 날짜에 붙어 매해 돌아오는 유행도 있어. 우리의 달력은 언젠가부터 '○○ 데이'라 불리는 날들로 가득 채워졌지. 빼빼로 데이, 밸런타인데이, 핼러윈 데이, 삼겹살 데이, 사과 데이 등…. 무슨 데이가 그렇게나 많은지 원!

데이 마케팅이란 특정한 날짜에 특별한 것처럼 보이는 의미를 부여해 관련 제품을 홍보하는 마케팅의 일종이야. 그 음식이나 제품을 구매하면 친구와의 우정은 더 끈끈해지고, 사랑하는 사람과의 관계는 더욱 깊어질 거라며 끊임없이 우리의 지갑을 열게 하지.

특히 빼빼로 데이는 한국 최대의 데이 마케팅 기념일로, 편의점 업계에선 밸런타인데이, 화이트 데이를 넘어서는 연중 최대 매출이 발생하는 날이라고 해. '빼빼로 데이? 1년에 한 번뿐인데 뭐 어때?', '오늘 하루쯤은 즐겨도 괜찮지 않아?'라고 생각할 수도 있어. 하지만 빼빼로 데이는 내년에도 내후년에도 돌아오겠지. 어디 빼빼로 데이뿐이겠어? 밸런타인데이, 화이트 데이, 로즈 데이, 핼러윈 데이 등 시간이 갈수록 데이 마케팅은 더 많아져서 우리의 달력을 넘어 우리의 삶을 빼곡히 채우고 있어. 특히 순진한 아이들은 기업들이 계획한 다양한 마케팅의 미끼를 덥석 물어 버리지. 별다른 의심이나 비판 없이 말이야.

얼마짜리 선물을 주고받았는지, 우리 반에서 누가 가장 많은 빼빼로를 받았

2.14
밸런타인데이

3.3
삼겹살 데이

3.14
화이트 데이

4.14
블랙 데이

5.14
로즈 데이

9.17
고백 데이

10.24
사과 데이

10.31
핼러윈 데이

11.11
빼빼로 데이

는지 궁금해하는 것보다 지금까지 으레 따라왔던 것들에 대해서 '꼭 그래야 해?'라는 질문을 던지며, 생각을 새로 고침 해 보는 건 어떨까? 혹은 기념일이 어떻게 생겨난 것인지 알아보는 것도 의미 있을 거야. 핼러윈 데이와 밸런타인 데이가 기념일이 된 계기에는 반전 이야기가 숨어 있기도 하거든.

영혼을 달래는 제사의 날, 핼러윈 데이

핼러윈 데이는 아일랜드에 살았던 켈트족의 전통 축제 '사윈(Samhain)'에서 시작됐어. 켈트족은 1년을 10개월로 계산했는데, 그들에게 10월 31일은 한 해의 마지막 날이었어. 이날이 되면 저승문이 열리고 죽은 자의 영혼과 악마, 귀신이 세상으로 나온다고 믿었단다. 그래서 그들의 영혼을 달래기 위해 음식을 차리고 기도를 올렸던 거야. 이때 악령이 사람을 못 알아보도록 하기 위해 사람

들은 마치 귀신이나 유령처럼 분장을 했는데, 이 풍습이 오늘날의 핼러윈 데이까지 이어져 내려온 거야.

슬픔과 애도의 날, 밸런타인데이

밸런타인데이는 사실 매우 슬픈 날이야. 지금으로부터 약 18000여 년 전, 로마의 황제였던 클라우디우스 2세는 전쟁 중에는 결혼을 금지시켰어. 그런데 밸런타인 신부는 서로 사랑하는 두 남녀의 결혼을 몰래 허락하고 주례를 서 주었지. 이 일이 발각되어 밸런타인 신부는 처형을 당하고 말았어. 그의 안타까운 죽음을 애도하기 위해 2월 14일을 연인의 날로 기념하게 되었단다.

그런데 왜 오늘날에는 굳이 초콜릿을 주고받게 되었을까? 사랑하는 이를 위한 선물은 비단 초콜릿만 있는 게 아닌데 말이야.

20세기 초 일본의 한 제과 회사는 초콜릿 판매를 늘리기 위해 '고마운 사람에게 초콜릿을 전하자.'며 초콜릿 주고받기 캠페인을 시작했어. 이것은 곧 사회 곳곳으로 퍼져 초콜릿 주고받는 '문화'로 자리 잡았지. 이 문화가 우리나라에도 전해지게 된 거야. 핼러윈 데이와 마찬가지로 기념일의 원래 의미는 사라지고 무언가를 소비하는 날이 되어 버렸다니 조금은 씁쓸해지기도 해.

*알고 있니? 2월 14일은 독립을 위해 목숨을 바친 안중근 의사가 사형 선고를 받은 날이기도 해.

3장

슬기로운 마트 쇼핑

카트에 숨겨진 비밀

대형 마트를 생각하면 많은 것들이 떠올라. 커다란 건물과 다양한 먹거리, 잘 정리된 상품들 그리고 매대 사이사이를 누비고 다니는 묵직한 카트까지. 이 중에서 쇼핑 카트는 대형 마트 쇼핑의 필수품이라고 할 수 있어. 그런데 이 카트에는 소비자들의 소비를 부추기기 위한 여러 가지 비밀이 숨겨져 있다는 사실! 알고 있니?

'쇼핑 카트는 왜 이렇게 크고 무거운 걸까?' 대형 마트에서 쇼핑하면서 이런 생각을 해 본 적은 없니? 쇼핑 카트는 누구나 끌 수 있지만 아주 무거워서 빨리 끄는 건 어려워. 조금만 속력을 내도 내 마음대로 조종하기가 힘드니 천천히 끌고 갈 수밖에. 쇼핑 카트를 끌고 천천히 이동할수록 사람들은 자연스럽게 마트 안에서 더 많은 물건을 둘러보게 돼. 눈으로 보다 보면 살 계획이 없었던 물건들도 어쩐지 필요한 것만 같은 느낌이 들어. 이렇게 손님의 발목을 오래 붙잡아 두고 더 많은 물건들을 사게 하기 위해 카트는 무겁게 만들어졌단다.

카트에 숨겨진 비밀은 이뿐만이 아니야. 구멍이 송송 뚫려 있는 데에도 다 이유가 있단다. 그건 장을 보는 사람들이 서로의 카트에 담긴 물건들을 쉽게 볼 수 있도록 하기 위해서야. 다른 사람이 산 물건을 보면 자신도 구입하고 싶은 충동이 들기도 하거든. 앞에서 배웠던 동조 소비를 떠올려 봐.

어떤 카트에는 의자가 달려 있어. 아이를 데려온 손님들은 그곳에 아이를 앉히곤 하지. 이건 손님들을 편하게 해 주기 위한 작은 배려이기도 하지만, 편해진 손님이 쇼핑에 집중하도록 하기 위한 큰 그림이기도 해. 카트에 아이를 앉힌 손님들은 자유로워진 두 손으로 마음껏 물건을 집어 담을 수 있게 되었으니 말이야.

고객님, 여긴 드러눕는 곳이 아닙니다!

마트에 가면 간혹 바닥에 드러누워 물건을 사 달라고 시위하는 아이들이 있어. 주로 장난감 코너에서 자주 목격되지. 아이들은 어째서 장난감 코너에만 오면 떼를 부리게 되는 걸까?

'견물생심'이라는 말이 있어. 눈에 보이면 그것을 갖고 싶은 마음도 덩달아 생긴다는 뜻이지. 대개 사람들은 한 번도 본 적 없는 물건을 갖고 싶어 하지는 않아. 보통은 눈에 보여야 관심이 생기고, 그러다가 자꾸 찾아보게 되면서 소유하고 싶어지는 게 사람의 심리거든.

쇼핑 공간에서 판촉 직원만큼이나 열심히 일하고 있는 장치가 바로 진열이야. 같은 상품일지라도 어떤 위치에 진열되느냐에 따라 매출이 달라지거든. 한마디로 '눈에 띄게' 하기 위한 기술이지. 장난감 코너라면 누구의 눈에 띄어야 할까? 바로 아이들이야.

아이들의 눈높이는 대략 1미터 정도 되는데, 그쯤에는 5만 원 대의 제품을 진열하고, 어른 눈높이에는 보다 저렴한 2만 원 대의 제품을 진열한다고 해. 그리고 가장 아래쪽에는 더 크고 비싼 제품을 놓지. 어린아이가 무심코 집어 들 수 있도록 말이야. 아이가 제 몸 크기만 한 거대한 장난감 박스를 들고 뒤뚱뒤뚱 걸어와 사 달라고 두 손으로 건네면 그걸 마다할 부모는 많지 않아. 물론 장난감을 사 달라고 졸라도 눈 하나 깜빡하지 않는 단

호한 부모님도 있어. 그럴 때 아이들은 마트 바닥에 드러눕게 되는 거지.

아이들의 '사 달라고 조르기'를 부추기는 것 중 하나가 광고야. 광고는 상품을 최대한 많은 사람에게 알리는 것이 목적이거든. 제품 또는 서비스의 특징이나 장점을 널리 알려 소비자들이 구매하도록 하는 거지. 기업과 광고주들은 점차 어린이들의 관심을 끌려고 노력하고 있어.

왜 그럴까? 어린이들이 어른들보다 더 많은 돈을 가지고 있는 것도 아닌데 광고주들은 왜 아이들에게 멋져 보이고, 있어 보이는 광고를 제작하는 걸까? 그건 아이들이 스스로 돈을 벌지는 않더라도 아이가 원하는 것이라면 언제든 사 줄 수 있는 부모와 친척들이 주변에 있기 때문이야.

저출산 현상이라고 들어 봤니? 경제적 부담과 사회적 요인 등으로 점차 아이를 낳지 않아 출산율이 떨어지는 사회 현상을 말해. 이제는 세 명 이상의 자녀를 둔 가정은 거의 찾아보기가 어려워. 특히 우리나라의 출산율은 해가 지날수록 급격히 줄어들어 심각한 사회 문제가 되고 있지.

한 명 또는 두 명 뿐인 자녀에게 부모는 더 좋은 것을 더 많이 주려고 애를 쓰게 돼. 아이가 원하는 것을 그때그때 사 주려고 하는 거지. 그러다 보니 오늘날 아이들은 직접 돈을 벌지는 않지만 아주 큰 영향력을 발휘하는 소비자가 되었어. 그러니 기업들은 점점 더 어린이 소비자들의 마음을 사로잡을 수 있는 광고를 만들게 되는 거야. 이렇게 어린이를 대상으로 제품이나 서비스를 홍보하는 것을 '키즈 마케팅'이라고 한단다.

쇼핑 계획 세우기

광고와 마케팅이라는 것을 알면서도, 덥석 집어 버린 물건을 다시 내려놓기란 결코 쉽지 않아. 그래서 우리에겐 미리 소비 계획을 세우고, 제품을 따져 보는 습관이 필요하지. 바로 이렇게 말이야.

첫 번째, 예산을 설정하는 거야. 쇼핑할 때 계획 없이 무작정 물건을 담다 보면 결제 금액이 산더미처럼 불어나 있을 때가 있어. 그러니 쇼핑 전에 미리 얼마를 사용할지 정해 두고 그 금액 안에서 쇼핑하는 것이 중요해.

두 번째, 마트에 가기 전 쇼핑 목록을 한번 만들어 보는 거지. 쇼핑 목록의 총금액이 예산을 초과한다면, 쇼핑 목록 제품들의 우선순위를 정해야 해. 먼저 구매해야 할 것과 나중에 구매해도 되는 것을 구분해 보는 거지. 그리고 조금 더 저렴한 가격의 비슷한 제품이 없는지 찾아보며 예산을 넘기지 않도록 노력해 보는 거야.

마지막으로 필요한 것과 원하는 것을 구분해 보자. 이 둘의 차이가 뭐냐고? '필요한 것'이란 없으면 지금 당장 불편한 것, 그래서 지금 꼭 있어야 하는 것을 가리켜. 반면 '원하는 것'이란 지금 당장 없다고 해서 불편하지는 않지만 있으면 좋은 것을 말하지. 이 둘을 구분하는 건 쉽지 않은 일이야. 따라서 연습이 필요하단다. 부모님과 함께 의견을 나누며 도움을 받아도 좋아.

더불어 직접 쇼핑해 본 다음에 필요한 것과 원하는 것을 구분할 수도 있지. 경험만큼 좋은 스승은 없거든. 필요한 것들만 사지 않았다고 해서 죄책감을 가질 필요는 없어. 시행착오를 겪으며 점차 필요한 것과 원하는 것을 구분해 내는 능력을 기를 수 있을 테니까.

부록

착한 소비에도 관심을 가져 봐

　소비자들은 매대에 진열된 상품을 보고 가격과 디자인, 품질을 따져 장바구니에 넣곤 해. 하지만 최근에는 눈에 보이지 않는 것들까지 꼼꼼하게 따지는 소비자들이 늘고 있어. 이 상품이 나에게 오기까지의 과정을 살펴보는 거지. 왜냐하면 물건을 만드는 과정에서 가격을 낮추거나 더 멋져 보이게 하려고 인간, 동물, 환경 등에 해를 끼치는 일이 종종 발생하기 때문이야. 물건을 만드는 노동자에게 정당한 대가를 주지 않았거나, 동물을 희생시키거나, 환경을 오염시키는 일 따위 말이야.

　이렇게 우리 눈에 보이지 않는 과정까지 꼼꼼하게 따져 보고 물건을 사는 걸 '윤리적 소비' 또는 '착한 소비'라고 한단다. 하지만 착한 소비는 말처럼 쉽지 않아. 가격이나 디자인은 눈으로 확인할 수 있지만 생산하는 과정에서 인간, 동물, 환경에 어떤 피해를 주었는지 알아내는 건 숨은그림찾기처럼 자세히 들여다보아야만 비로소 알 수 있거든. 물건을 만들어 파는 기업들은 낮은 가격이나 우수한 품질과 같이 좋은 점만 알리려고 하지, 물건이 만들어지는 과정 속 비윤리적인 행위들은 쉬쉬하는 경우가 많아. 따라서 착한 소비는 소비하는 물건에 대한 우리의 관심에서 시작된다는 거! 그럼 지금부터 어느 부분에 관심을 기울여야 하는지 한번 알아볼까?

　우선 옷을 고를 때, 동물 복지와 환경 보호를 우선하는 인증 마크를 받았는지 확인해 보자.

많은 사람들이 추운 겨울, 따뜻한 다운 패딩을 찾지. 다운 패딩은 오리나 거위의 솜털로 속을 충전한 점퍼야. 하지만 다운 패딩에 들어가는 털은 오리와 거위 몸에서 자연스럽게 떨어져 나온 털이 아니란다. 사람들이 동물의 털을 강제로 뽑아서 얻은 거지. 인간이 따뜻한 겨울을 보내기 위해 동물을 희생시킨 거야.

반면 RDS(Responsible Down Standard) 인증 마크는 '책임 있는 다운 기준'이란 뜻으로 오리와 거위를 기르고 도축하여 깃털을 채취하는 과정에서 동물을 학대하지 않고, 고통을 최소화하려고 노력했을 때 해당 제품에 부여하는 마크야. 이 마크가 달린 옷을 구매한다면 너는 수많은 오리와 거위를 강제로 털이 뽑히는 고통으로부터 구하는 데 동참하는 거지.

GRS(Global Recycled Standard) 인증 마크도 마찬가지야. GRS는 '국제 재활용 기준'이라는 뜻으로 버려진 이불, 베개, 페트병 등에서 섬유를 얻어 만든 제품에 부여하는 마크란다. 최근 ZARA, H&M, 나이키, 아디다스 등 세계적인 패션 기업들이 재활용 섬유의 사용량을 늘려 나가겠다고 발표하며 착한 공정

을 약속했어. 덕분에 착한 옷에 관심을 갖고, 구매하려는 소비자들도 늘고 있지. 이게 바로 소비의 힘이란다.

착한 옷에 RDS 또는 GRS 마크를 부여하는 것처럼, 착한 화장품에는 '크루얼티 프리(Cruelty Free)'라는 마크를 부여해. 일반적으로 토끼의 모습이 그려져 있는데, 화장품의 안전성 실험 대상이 되는 동물들 중 토끼가 상당수를 차지하기 때문이야. '크루얼티 프리'는 말 그대로 화장품 안에 잔인함이 들어 있지 않다는 뜻이야. 동물 실험을 거치지 않았거나 동물성 원료가 들어가지 않은 제품을 가리키지.

옷과 마찬가지로 착한 화장품도 관심을 갖고 구매하려는 소비자들이 많아졌어. 기업들은 크루얼티 프리 인증을 받은 화장품들을 다양하게 출시하고 있고, 시장도 가파르게 성장 중이란다. 글로벌 시장 조사 기관 스태티스타는 착한 화장품 시장은 연평균 6.3%씩 성장하고 있으며, 2025년에 그 규모가 23조 원에 달할 것이라고 내다봤어.

초콜릿, 사탕, 커피, 차, 바나나 등과 같은 음식을 구매할 때에도 약간의 노력만 있다면 착한 소비는 얼마든지 가능해. 물건을 구매할 때, 포장지나 박스에 공정 무역 마크가 붙어 있는지를 확인해 보는 거야.

공정 무역 마크는 아주 다양해. 전 세계적으로 공정 무역을 위해 일하는 단

체가 많기 때문이지. 대부분 '공정하다'는 뜻을 담은 영어 단어 'Fair'가 포함되어 있고, 더불어 살아가자는 의미를 담은 그림이 많아. 세계공정무역기구 WFTO(World Fair Trade Organization)의 마크가 대표적이야.

공정하다는 건 공평하고 올바르다는 뜻이야. 따라서 공정 무역이란 물건을 만드는 과정과 결과 모두에서 누구에게나 공평하고 올바른 방법으로 물건을 거래한다는 거지. 어느 한쪽만 이익을 얻거나 누군가가 희생하는 것이 아니라.

공정 무역 제품의 경우에는 판매하고 난 이익을 나눌 때, 기업이 이를 독차지하지 않도록 해. 물건을 생산한 노동자에게도 노력한 만큼의 대가가 돌아갈 수 있도록 하는 거야. 따라서 많은 사람들이 공정 무역에 관심을 갖고, 공정 무역 상품을 적극적으로 소비하면 열악한 생산 환경은 보다 나아질 수 있어. 특히 불법적으로 농장이나 공장에서 노동력을 착취당하던 아이들은 일터가 아닌 학교에서 공부하며 그들의 미래를 준비할 수 있지. 결국 착한 소비는 더 나은 세상을 만드는 경제 활동이라는 말씀!

4장

슬기로운 온라인 쇼핑

나도 모르게 광고를!

광고의 홍수에서 살아남기

여름에 한꺼번에 내리는 비로 인해 하천이나 강물이 넘쳐흐르는 자연 현상을 홍수라고 하지. 도로며 마을이며 제멋대로 쏟아지는 물살처럼, 광고도 우리의 일상 곳곳에 침투해 있어.

소비자는 하루 평균 약 200건의 광고에 노출된다고 해. 하루에 200건이라면, 한 달이면 6천 개, 1년이면 7만 2천여 개의 광고에 노출되는 셈이야. 현대인들은 광고의 홍수 속에서 살아간다는 말이 정말 실감이 나지? 광고의 홍수 속에서 살아가는 건 아이들도 마찬가지야. 요즘 초등학생들이 가장 많이 이용하는 유튜브를 살펴볼까?

영상 맨 앞부분은 물론, 영상의 중간중간마다 광고는 어김없이 끼어들어. 아무리 건너뛰기 버튼을 누른다고 하더라도 모든 광고를 물리치는 건 어렵지. 어떤 광고는 일정 시간이 흐른 뒤에야 건너뛰기 버튼이 나타나기도 해.

물론 광고에 방해받지 않고 영상을 볼 수도 있지만 이건 돈을 더 지불했을 때만 가능해. 결국 원하지 않는 광고 보기에 지친 사람들은 프리미엄 서비스를 구독하기도 하지. 한 달에 약 1만 원의 돈을 내는데, 1년이면 12만 원, 30년 동안 360만 원의 돈을 내는 셈이야. 이건 뭐, 돈 없는 사람은 서러워도 광고를 보라는 말인가?

청소년정책연구원의 조사에 따르면 초등학생 열 명 중 아홉 명이 유튜브를 이용하고, 그중 세 명은 매일 유튜브를 본다고 하니, 유튜브 영상 시청만으로도 많은 광고에 노출된다는 걸 알 수 있어.

어디 그것뿐인 줄 아니? TV 프로그램 사이사이는 물론 영화나 드라마 속까지 들어간 광고도 있어. 방송 프로그램 속에서 소품으로 등장하는 상품을 PPL이라고 하는데, Product Placement의 약자로 '제품 간접 광고'를 의미해.

극 중 상황과 어울리지 않고, 어색하게 등장하는 PPL은 시청자들의 눈살을 찌푸리게 만들어. 하지만 프로그램 속 소품들이 PPL인 줄 모르고 받아들이는 시청자들도 많단다. 광고인데 광고가 아닌 듯, 여기저기 숨어 있기 때문이야. 마치 공기 중의 산소처럼 녹아 있어서 숨 쉬듯 광고를 소비하게 되는 거야.

광고는 우리의 SNS에도 파고들어

2020 어린이 미디어 이용 실태 조사 결과를 보면, 초등학교 고학년의 스마트폰 보유율은 87.7%로 나타났어. 학년이 올라갈수록 스마트폰을 소유한 학생이 늘어나는데 특히 초등학교 6학년의 보유율은 92.6%로, 열 명 중 아홉 명이 스마트폰을 갖고 있다고 해. 이렇게 스마트폰이 보편화되면서

사회 관계망 서비스라고 불리는 SNS는 이제 우리 일상생활과 떼어 낼 수 없는 매체가 되었지. 더불어 광고 또한 우리의 SNS에 파고들었단다. SNS는 많은 사람들이 이용하기 때문에 그 사람들의 입소문을 광고의 수단으로 활용할 수 있어. 뭔가를 팔려는 기업이라면 이 기회를 놓칠 리 없겠지?

기업의 입장에서 SNS 광고는 저렴하면서도 몇 번의 클릭으로 여기저기 퍼트릴 수 있기 때문에 높은 효율을 안겨 줘. 그러니 더 많이, 더 자연스럽게 SNS에 광고를 퍼트리곤 하지.

한국소비자원은 페이스북, 트위터, 인스타그램, 카카오 스토리, 네이버 밴드 등 주요 다섯 개 SNS를 이용하며 광고를 접한 경험이 있는 소비자 500명을 대상으로 설문 조사를 벌였어. 그 결과, 그중 절반 정도가 하루 평균 최소 여섯 편 이상의 광고를 보고 있고, 다른 매체에 비해 광고가 많다고 느끼는 것으로 나타났대.

앞서 사람들은 어딘가에 소속되고 싶어 하고, 누군가와 연결되어 있길 원한다고 했었지? 우리가 SNS를 이용하는 이유 또한 마찬가지야. 가족, 친구들과 소통하고 경험을 나누기 위해서 SNS를 이용하는 거지, 애초에 광고를 보기 위해 SNS를 사용하는 사람은 없을 거야. 그렇다 보니 점차 증가하는 SNS의 광고는 이용자들을 짜증 나게 해.

실제로 스마트폰에서 동영상이나 뉴스 기사를 찾는 도중에 상품 광고나

앱 설치 광고가 종종 끼어들어 불쾌했던 경험이 있을 거야. 때로는 잔인하거나 음란한 페이지가 불쑥 뜨기도 하고 말이야. 문제는 이런 것들이 SNS 광고를 통해 어린아이들에게도 그대로 노출된다는 점이야.

뉴스 기사를 한번 같이 읽어 볼까? 온라인상에서 18세 이하 아동·청소년들에게 성인 광고가 너무 쉽게 노출되고 있다는 문제점을 지적받자 빅테크 기업들이 뒤늦게 대처에 나섰어. 구글은 아동·청소년 대상 타깃 광고를 더 이상 하지 않겠다는 청소년 보호 정책을 발표했다고 하네. 우리는 정말 광고의 홍수 속에서 살아남을 수 있을까?

뉴스 기사

"애들에겐 타깃 광고 안 하겠다."…
빅테크들이 뒤늦게 아이들 보호에 나선 이유는?

18세 이하 아동·청소년의 무분별한 SNS 사용을 방관하고 있다고 지적을 받았던 빅테크 기업들이 뒤늦게 10대 아이들의 보호에 나섰다. 빅테크 기업들이 청소년을 대상으로 하는 사업을 확대하면서 반발 움직임이 거세자 아이들을 보호하는 정책을 강화하겠다고 밝힌 것이다.

구글은 10일(현지 시각) 아동·청소년 대상 타깃 광고를 더는 하지 않는 청소년 보호 정책을 발표했다. 18세 미만 청소년의 나이와 성별, 관심사를 기준으로 한 타깃 광고를 중단한다는 것이다. 18세 미만 사용자의 위치 정

보 이력 조회 기능도 꺼진다. (중략)

　청소년들의 유튜브 사용도 이전보다 제한된다. 18세 미만 청소년이 유튜브에서 영상을 올릴 땐 비공개 설정이 기본으로 적용된다. 또 18세 미만 아동과 청소년이 유튜브를 이용할 경우 관련 영상을 자동으로 연속 재생해 주는 기능이 비활성화된 상태로 기본 설정된다. 청소년이 유튜브를 이용할 경우 일정 간격으로 휴식 시간을 알려 주고, 취침 시간도 안내한다. 어린이용 유튜브인 '유튜브 키즈'엔 제품 구매를 권장하는 동영상 등은 삭제한다는 방침이다.

　이는 지난달 페이스북이 내놓은 청소년 보호 정책과 유사한 조치다. 페이스북은 지난달 27일 인스타그램 10대 신규 가입자 계정의 기본 설정을 비공개로 전환하기로 했다고 밝혔다. 10대 가입자가 접근을 허락한 사용자에게만 해당 계정의 게시물이 보이도록 한다는 것이다. 또 유해 콘텐츠를 반복적으로 올려 경고를 받은 성인은 미성년자 계정에 접근하지 못하도록 했다. 10대 타깃 광고도 인스타그램에서 제한한다고도 밝혔다. (후략)
(2021. 8. 11)

ⓒ 조선일보, 무단 전재 및 재배포 금지

돈으로 혼쭐을 내 주는 SNS의 힘

물론 SNS가 불필요한 소비만 부추기는 것은 아니야. SNS는 지구 반대편에 있는 사람과도 소통할 수 있게 해 주는 힘이 있지. 사람들은 SNS를 통해 의견을 나누고 정보를 빠르게 퍼트린단다. 알지도 못하는 누군가가 좋은 일을 했거나 잘못을 저질렀을 때, 그 소식이 빠르게 퍼져 나가기도 해.

어느 피자 가게에 배달 주문이 들어왔어. 가진 돈이 없어서 생일을 맞은 딸아이에게 피자 한 판도 사 줄 수 없던 한 아빠의 주문이었지. 그 아빠는 곧 돈이 생기면 피자값을 갚겠다며, 딸아이 생일을 위해 피자를 보내 달라고 부탁했어. 그러자 사장님은 언제든 아이가 피자를 먹고 싶어 할 때마다 연락하라며 흔쾌히 그 아빠의 부탁을 들어주었단다.

이 사연이 방송과 SNS를 타고 널리 퍼지자, 그 피자 가게에는 주문이 물밀듯이 밀려들어 왔지. 심지어 피자를 배달받기 어려운 먼 곳에 사는 사람들도 이런 주문 행렬에 동참했어. 피자는 보내 주지 않아도 되니, 부디 돈을 좋은 일에 써 달라고 하면서 말이야.

이 흐뭇한 이야기는 여기서 끝나지 않아. 이렇게 주문만 하고, 피자를 받지 않았던 사람들의 돈을 모아 피자 가게 사장님은 딸아이의 생일 피자를 주문했던 아빠에게 전달했지. 그리고 또 그 아빠는 이 돈을 그대로 불우 이웃을 돕는 단체에 기부했어. 돈이 돌고 돌아서 사람을 구하고, 행복을

전하는 마법 같은 일이 벌어진 거야. 이런 일들을 가능하게 한 건 따뜻한 마음을 지닌 사람들과 그들을 연결해 준 SNS가 있었기 때문이지.

소비자에게는 큰 힘이 있어. SNS를 통해 빠르게 소통하며 하나로 뭉칠 수 있기 때문에 과거보다 훨씬 너 큰 영향력을 행사하게 되었지. 이렇게 어떠한 사람이 사회적으로 옳은 행동을 했을 때, 그 사람을 응원하는 마음으로 돈을 보태는 행동을 가리켜 '돈쭐내다'라는 표현을 쓰기도 해. 특히 선행을 베푼 사람이 장사를 할 경우에는 눈코 뜰 새 없이 바빠지도록 주문을 넣어 혼쭐나게 만든다는 뜻이 담겨 있지.

반대로 가게가 망할 정도의 타격을 줘서 혼쭐을 내기도 해. 바로 소비자의 '불매 운동'이야. 악덕 기업의 물건을 일부러 사지 않는 거지. 그런데 나 하나 안 산다고 해서 그 기업이 하루아침에 무너질 리는 없잖아? 여러 사람이 불매 운동에 참여해야지만 비로소 영향력을 지니게 되는데, SNS는 이것이 가능하도록 도와주는 역할을 해.

과거 N유업은 잘못된 기업 운영과 협력사를 배려하지 않는 모습이 들통나면서 소비자들의 분노를 사게 됐어. N유업의 제품을 판매하는 편의점의 상황을 고려하지 않고, 회사의 매출을 올리기 위해 무리하게 영업한 결과, 소비자들은 N유업을 외면하게 된 거야. 소비자들이 SNS의 힘을 빌려 똘똘 뭉친 결과라 할 수 있지.

부록

합리적 소비를 방해하는 랜덤 박스

　SNS나 온라인 쇼핑몰에 들어가 보면, 물음표가 박혀 있는 상자 그림과 마주칠 때가 있어. '두근두근', '럭키', '꽝 없는'과 같은 단어로 우리의 주의를 끌고 있는 랜덤 박스 광고야. 상자 안에 여러 가지 상품을 무작위로 넣고, 그 안에 무엇이 들어 있는지 알리지 않은 채 파는 이벤트지.

　소비자들은 제비뽑기하듯 랜덤 박스를 고르게 돼. 그리고 기대하지. 그 안에 들어 있는 물건들이 내가 지불한 금액보다 더 비싼 물건들로 채워져 있기를 말이야. 하지만 '혹시' 하는 기대를 품고 랜덤 박스를 구매하고, '역시' 그저 그런 물건들로 채워진 의미 없는 상자를 열게 되곤 해. 어쩌면 돈을 주고 쓰레기를 산 건지도 몰라.

금액에서 손해를 보지 않았다고 해서 과연 성공적인 소비를 했다 말할 수 있을까? 성공적인 소비라는 건 나를 만족시키는 소비야. 나를 만족시키는 소비는 결국 나에게 필요한 물건을 적절한 가격에 구매하는 것이지.

우리가 물건을 소비하는 이유는 '나'에게 필요하거나 '내'가 원해서야. 따라서 물건을 선택하는 건 '나'여야 하는 거지. 하지만 랜덤 박스는 돈을 내고 뜯어 보기 전까지는 그 안에 무엇이 들어 있는지 알 수가 없어. 왜냐하면 박스 안에 들어 있는 물건들은 나의 선택에 의한 것이 아니라 물건을 팔려는 사람의 의도대로 채워진 것이니까.

그렇다면 나에게 필요한 물건도 아니고, 내가 원한 것도 아니지만 낸 돈보다 더 비싼 물건이 들어 있을 때, 그것으로 위안을 삼아도 되는 걸까? 과연 이런 소비를 합리적이고 현명한 소비라고 할 수 있을까?

구매한 물건이 비싸다 할지라도 나에게 필요한 물건이어야 비로소 성공적인 소비라고 할 수 있어. 스스로 원하는 물건을 선택하고 주체적인 소비를 하는 것! 이것이 합리적이고 현명한 소비라는 것을 잊지 마!

5장

슬기로운 무인 매장 쇼핑

사장과 점원이 사라진 가게

요즘 가게 안으로 들어가면 사장도, 점원도 찾아볼 수 없는 가게들이 늘고 있어. 덩그러니 물건들만 놓여 있는 아이스크림 할인점, 편의점, 반찬가게, 문구점, 사진관 등. 직원 없이 손님이 직접 필요한 물건이나 서비스를 구매하는 가게를 '무인(無人) 매장'이라고 해. 사람이 하던 일을 첨단 기술이 대신하고 있기 때문에 '스마트 상점'이라고도 부르지.

무인 매장은 매우 빠른 속도로 늘고 있어. 편의점 업계에 따르면 2022년 무인 편의점의 수는 2019년보다 무려 열네 배나 늘어났다고 해. 리서치앤드마켓의 조사에 의하면 전 세계 무인 편의점 시장은 매년 약 50%의 성장률을 기록하고 있지. 실제로 무인 매장에서 물건에 붙어 있는 바코드를 찍고 혼자서 계산하는 건 이제 흔히 볼 수 있는 일이 되어 버렸어. 물건을 계산해 주는 사람이 없으니 계산은 이제 손님의 몫이 된 거야. 이렇게 무인 매장이 빠르게 늘어나고 있는 이유는 무엇일까?

지금부터 한 가게의 사장이 되었다고 가정해 보자. 아침에 가게 문을 열고, 밤에 닫을 때까지 내내 가게를 지키는 일은 매우 힘들고 고되지. 그래서 가게 일을 도와줄 점원을 뽑으려고 해. 그런데 점원을 고용하면 주 또는 달마다 일한 만큼의 돈을 주어야 하지. 이것을 '인건비'라고 하는데, 만약 손님들이 많이 오지 않아서 물건을 팔고 번 돈이 별로 없다면 점원에게 주

는 인건비가 부담스럽게 느껴질 거야. 그래서 고민을 하기 시작하지. '나 대신 손님들의 결제를 맡아 주면서, 인건비도 줄일 수 있는 방법은 없을까?' 하고 말이야.

 결국 점원을 뽑는 대신 결제를 해 주는 기계를 대신 들여놓기로 해. 마침 '키오스크'라고 불리는 기계 한 대만 있으면 물건값을 지불하는 모든 과정을 처리해 준다고 하니 이젠 한시름 놓게 된 거야. 이처럼 인건비를 줄일 수 있다는 장점으로 많은 기업들이 무인 시스템을 적극적으로 도입하고 있어. 또한 지난 코로나19로 인해 사람 간의 접촉을 최대한 줄이고자 하는 현상이 늘어나면서 이 변화는 더욱 빠르게 진행되었지.

 미국, 일본, 중국 등 외국에서도 무인 매장은 빠르게 늘고 있어. 하지만 무인 매장이 모두에게 편리한 것은 아니야. 매장마다 설치되어 있는 키오스크의 주문 방식이 저마다 다르고, 사용 방법에 대한 제대로 된 설명이 부족하기 때문에 이용에 어려움을 느끼는 사람들이 많아. 뉴스 기사를 한번 읽어 볼까?

뉴스 기사

장애인·노인에게 유리 장벽이 된 키오스크

"차 한 잔 마시기가 이렇게 어려워서야 원…."

지난 26일 정오 무렵 서울 광화문의 한 프랜차이즈 카페. 중절모를 쓴 노인 네 명이 키오스크(무인 단말기) 앞에서 우왕좌왕 한참을 헤맸다. 손님이 몰릴 시간대라 직원들은 카운터에서 주문을 받지 않고 음료를 만드는 데만 집중하고 있었다. 이들은 뒤에서 기다리던 기자의 도움으로 겨우 주문을 마쳤다. 아메리카노 네 잔을 시키는 데 걸린 시간은 10분이 넘었다. 노년의 신사들은 혀를 차며 신세 한탄을 늘어놨다. (중략)

실제 서울시가 올해 만 55세 이상 고령층을 대상으로 디지털 역량 조사 결과를 실시한 결과 절반 이상(56.2%)이 키오스크를 아예 사용하지 않는 것으로 나타났다. 이들이 키오스크를 이용하지 않는 이유는 '사용 방법을 모르거나 어려워서(33.8%)' '필요가 없어서(29.4%)' '뒷사람 눈치가 보여서

(17.8%)' 등이었다. 자기 돈으로 뭘 사 먹으려고 해도 눈치를 봐야 하는 상황이다.

시각 장애인에게도 키오스크는 '유리 장벽'이다. 점자 패드나 음성 안내 기능이 있는 '배리어 프리' 키오스크가 거의 존재하지 않는 터라 무인화된 매장에서 장애인들은 혼자 힘으로는 음료수 한 잔도 주문할 수 없다. 휠체어를 탄 사람들에게도 키오스크 모니터 화면이 너무 높아 이용할 수가 없다. (후략) (2022. 7. 29)

ⓒ 조선비즈, 무전 전재 및 재배포 금지

디지털 기기를 다루는 게 익숙한 사람들은 키오스크에 금방 적응할 테지만, 그렇지 않은 사람들도 있어. 이렇게 새로운 기술이 빠르게 도입됐을 때 미처 적응하지 못하고, 서비스를 이용하는 데 불편을 겪는 것을 디지털 소외 현상이라고 해. 그리고 이런 문제는 공동체가 함께 해결해야 할 사회 문제이기도 하지.

앞으로 무인 매장은 점점 더 늘어나게 될 거야. 새로운 기술이 등장하고 사회가 바뀌면 우리의 행동 방식도 그에 따라 점차 달라져야 하겠지. 기술이 등장하고 발전하는 과정에서 모든 사람이 그 혜택을 누릴 수 있도록 디지털 소외 문제에 관심을 갖고, 이를 해결하기 위한 방법을 함께 고민해 보는 건 어떨까?

화폐가 사라지는 세상

한번 상상해 보자. 갖고 싶은 것을 무엇이든 살 수 있을 만큼 5만 원권 지폐를 가지고 있다고 말이야. 상상만 해도 기분이 좋아지지 않니? 그러나 방심은 금물! 너는 곧 아무리 많은 현금이 있더라도 이용할 수 없는 매장이 있다는 사실을 알고는 좌절할지도 몰라.

동전과 지폐가 아무리 많다 할지라도 매장 안의 물건을 한 개도 구매할 수 없는 곳이 있단다. 물건의 가격이 너무 비싸서가 아니라 동전과 지폐같은 현금을 아예 받지 않기 때문이지.

그중 대표적인 곳이 스타벅스야. 2018년 4월에 처음으로 현금 없는 매장을 시범 운영했는데, 지금은 전체 매장의 60% 이상이 현금으로는 아무것도 사 먹을 수 없는 매장이 되었지.

최근에는 서울, 인천, 대전 등의 도시에서 현금 없는 버스 노선을 시범 운영하거나 늘리고 있어. 특히 서울은 108개의 노선과 1800대가 넘는 버스에 이미 적용되었지. 이제는 현금 이외의 수단으로 요금을 지불하지 않으면 버스도 탈 수 없는 세상이 된 거야.

이렇게 동전 및 지폐를 사용하지 않고, 신용 카드나 ○○페이와 같은 간편결제 서비스로 대금을 지불하는 사회를 현금 없는 사회라고 해. 가장 빠르게 현금 없는 사회로 바뀌고 있는 나라는 스웨덴이야. 사실 스웨덴은 세계 최초로 지폐를 발행한 나라였는데, 지금은 세계 최초로 현금 없는 나라가 되어 가고 있단다. 스웨덴에서는 현금을 사용하는 대신 스위시(Swish)라는 스웨덴 모바일 앱 결제를 주로 사용하는데, 길거리 상점은 물론 노숙자조차도 스위시를 통해 돈을 구걸한다고 해.

우리나라도 점차 현금 없는 사회로 바뀌어 가고 있어. 한국은행의 조사에 따르면, 개인이 지갑에 가지고 다니는 현금이 2017년에는 약 8만 원 정도였는데, 2년 새에 5만 원대로 줄었다고 해.

이렇게 현금 없는 사회로 바뀌어 가는 가장 큰 이유는 현금 사용의 불편함 때문이야. 마트에서 장을 보고 계산대에서 물건값을 모두 더했더니 47,360원이 나왔다고 해 보자. 이 금액을 계산하기 위해 5만 원 지폐를 내면 거스름돈으로 2,640원을 돌려받지. 지갑을 불룩하게 만드는 동전들이 썩 달갑지 않은 사람들도 있을 거야. 특히 잘 쓰이지 않은 10원짜리들은 처치 곤란일 때가 많지. 또 현금으로 물건을 결제할 때는 현금이 정확한지 세고 건네는 과정이 필요하기 때문에 시간이 다소 걸리기도 해.

반면에 카드를 사용하면 물건값을 지불하는 과정이 단축되는 건 물론, 카드 한 장만으로도 간편하게 결제할 수 있어. ○○페이와 같은 간편결제 서비스는 카드 없이 스마트폰만 있으면 가능하니 훨씬 더 간편하고 말이야. 카드 리더기에 스마트폰을 갖다 대기만 하면 몇 초 만에 결제가 완료되

니까.

세상의 많은 발명품들이 사람들이 느끼는 불편함에서 탄생하곤 해. 필요한 물건이나 서비스를 구매할 때 지불하는 돈 역시 마찬가지야. 과거에는 조개껍데기나 곡물, 동물의 가죽 등이 돈의 역할을 대신했어. 그러나 가지고 다니기에 불편하고, 거래의 정확한 기준이 되지 못하니 이를 대신해 지폐나 동전 등의 화폐를 발명하게 된 거야. 그리고 지금은 이보다 더 편리한 신용 카드, 체크 카드, 간편결제 서비스가 나오게 된 거고.

하지만 현금 없는 세상에서 모든 사람들이 편리함을 느끼는 건 아니야. 앞서 언급했던 카페나 버스 등을 이용할 때, 현금 사용이 안 된다는 사실을 몰랐을 경우에는 아무것도 할 수가 없으니까. 만약 현금을 받지 않는 버스인 줄 모르고 탔는데, 현금밖에 없는 상황이라면 어떤 일이 벌어질까? 결국 그 버스에서 내려 다음 버스가 올 때까지 기다려야 할 거야. 그다음 버스 역시 현금을 안 받는다면? 또 그다음 버스를 기다릴 수밖에.

또한 해킹으로 인해 개인 정보가 유출되는 사고도 언제든 발생할 수 있어. 편리하기만 하고 안전하지 않으면 화폐로서의 역할을 제대로 한다고 볼 수 없지. 따라서 기술이 모두에게 편리하고 안전하기 위해서는 변화의 속도에 맞춰 그 안에서 소외되는 사람이 없는지 살피고, 모두가 보호받을 수 있는 장치들을 마련해야 해.

부록

계산대가 없는 여기는 아마존 고

인공 지능 기술이 발전함에 따라 이제는 원하는 상품을 집어 들고 매장 밖으로 걸어 나가면 결제가 자동으로 이루어지는 무인 편의점도 등장했어. 이 기술을 가리켜 '저스트 워크 아웃(Just Walk Out)'이라고 해. 말 그대로 걸어서 밖으로 나가기만 하면 결제가 끝나는 거지.

이러한 기술을 처음으로 선보인 건 미국의 식료품점, 아마존 고(Amazon Go)야. 아마존닷컴에서 운영하는 이 무인 매장은 2018년 미국 시애틀에서 처음 문을 열었어.

아마존 고를 이용하려면 먼저 소비자는 매장을 이용할 수 있는 관련 앱을 설치해야 해. 입구에서 앱의 QR 코드를 스캔한 뒤 매장에 들어가는 거야. 매장의 천장에 설치된 인공 지능 카메라는 여러 각도에서 손님의 이동과 쇼핑하는 모습을 관찰하지. AI의 이미지 인식과 동작 인식 기술을 통해 손님이 어떤 물품을 장바구니에 담았는지 판단하고, 손님이 매장 밖으로 걸어 나가면 앱 계정으로 물건값을 청구한단다. 놀라운 건 사려고 집었던 물건을 다시 내려놓으면 저절로 앱의 장바구니에서 해당 물건이 삭제되어, 구매하는 물건과 아닌 물건을 정확하게 구분해 낸다는 거야. 이렇게 아마존 고의 결제 시스템 과정을 살펴보면 무인 매장이 왜 스마트 상점이라고 불리는지 금방 알 수 있어.

아마존 고 ⓒ 위키미디어 커먼스

6장

슬기로운 용돈 관리

도와주요, 용돈 어벤져스!

용돈 기입장을 쓰자

용돈 기입장을 쓰는 건 참 힘들어. 귀찮기도 하고. 이렇게 적기만 한다고 부족한 용돈이 늘어나는 것도 아닌데 말이야. 하지만 이거 하나는 확실하단다. 용돈 기입장을 쓰면, 나도 모르는 사이 줄줄 새고 있는 용돈들을 막을 수 있다는 사실! 우리가 용돈 기입장을 다 쓰고 '땡!' 하는 것이 아니라, '찌릿~' 하고 자세히 들여다보아야 하는 이유야. 용돈 기입장을 쓰면 내 용돈이 새어 나가는 구멍, 내 용돈을 빨아들이는 블랙홀을 찾아 불필요한 소비를 줄일 수 있어. 그리고 돈과 관련해 현명한 결정을 내리기 위한 훈련을 할 수 있지.

용돈 기입장

날짜	내용	사용한 돈
4/7	마트에서 뽑기	3,000원
4/8	게임캐시 충전	10,000원
4/9	편의점 군것질	4,000원

내가 번 돈과 쓴 돈을 용돈 기입장에 기록하지 않으면, 들어오고 나간 돈을 기억하기 어려워. 또한 우리의 뇌는 종종 기억을 왜곡해서 저장하기도 해. 그래서 기록하지 않으면 뇌가 기억하는 대로 받아들이게 돼. 이런 현상은 몇몇 어른들을 보면 금방 이해할 수 있을 거야. 꽤 많은 사람들이 매달 신용 카드 사용 내역서를 받아 볼 때마다 놀라곤 하거든. '내가 이렇게 많은 돈을 썼다고?' 하고 말이야. 심지어 이런 놀라운 일은 매달 반복되지.

그래서 기록은 중요해. 용돈 기입장을 쓰면 항목별로 지출된 돈이 얼마인지 알게 되고, 무엇보다도 자신의 소비를 반성할 수 있어. 어른이든 아이든 적지 않으면 잘 몰라. 돈을 유독 어디에 많이 쓰는지, 매달 수입과 지출이 어느 정도인지를 말이야. 기록이 있어야 반성도 있는 법!

석유 재벌 록펠러 1세의 아들 록펠러 2세는 매주 토요일마다 여섯 자녀의 용돈 기입장을 꼼꼼하게 점검하고, 제대로 쓰지 않으면 벌금을 매겼다고 해. 평생을 써도 부족함이 없는 재벌인데 어릴 때부터 용돈 기입장을 쓰는 습관을 기르도록 한 이유는 무엇일까?

그건 돈의 쓰임을 들여다보고, 조금 더 가치 있고 의미 있는 일에 쓰도록 계획하는 습관을 들여 올바른 경제관념을 갖게 하기 위해서야. 그렇다면 우리도 한번 도전해 볼까? 용돈 기입장 쓰는 법은 아주 간단해!

날짜	내용	수입	지출	잔액
6월 1일	지난달 남은 용돈			3,500원 ❶
6월 1일	이번 달 용돈	30,000원 ❸		33,500원
6월 3일	편의점에서 간식		2,000원 ❹	31,500원
6월 4일	슬기 생일 선물 ❷		5,000원	26,500원
6월 6일	엄마 심부름값	3,000원		29,500원

❺

먼저 내가 가지고 있는 돈의 금액을 ❶잔액에 적어. 혹시 잔액이 부족하다면 용돈 벌기에 도전해 봐. 집안일을 하고 용돈을 받는 거지. 부모님과 미리 상의해서 어떤 집안일에 얼마를 받을지를 정해. 그리고 매일 열심히 집안일을 해서 수입을 늘려 가는 거야.

특별한 지출이 예정되어 있다면 미리 메모해 두는 것도 좋아. ❷가족 생일 선물이나 좋아하는 아이돌 컴백 음반을 구입하는 등의 큰 지출이 예상된다면, 용돈을 미리 모아 두거나 집안일을 열심히 해야겠지?

❸돈이 들어오거나 ❹나가면 해당 내용을 그날그날 날짜별로 정리해. 돈이 들어오고 나갈 때마다 ❺잔액을 계산하는 것도 잊지 말고!

그렇게 일주일 또는 한 달을 채웠다면, 총수입과 지출을 비교하며 반성할 차례야. 옆의 체크리스트를 통해 혹시 나에게 잘못된 소비 습관이 있는지도 점검해 볼까?

· 나의 소비 습관 체크리스트

	문항	전혀 그렇지 않다	그렇지 않다	보통 이다	그렇다	매우 그렇다
1	나는 1+1, 2+1 상품을 보면 사고 싶은 마음이 든다.	1	2	3	4	5
2	나는 친구가 사는 물건을 보고 따라 산 적이 있다.	1	2	3	4	5
3	나는 물건을 사기 전, 이것이 정말 나에게 필요한 물건인지 따져 보지 않는다.	1	2	3	4	5
4	나는 빵(초콜릿) 속에 들어 있는 스티커(장난감)를 모으기 위해 빵(초콜릿)을 산 적이 있다.	1	2	3	4	5
5	나는 필요한 물건이 없어도 습관처럼 편의점 또는 무인 매장에 들른다.	1	2	3	4	5
6	나는 용돈을 받자마자 다 써 버린다.	1	2	3	4	5
7	나는 용돈이 부족해 부모님께 더 달라고 조른 적이 있다.	1	2	3	4	5
8	나는 용돈의 대부분을 소비하는 데 쓴다.	1	2	3	4	5
9	나는 용돈을 쓰고 용돈 기입장에 기록하는 것이 귀찮다.	1	2	3	4	5
10	나는 나만의 소비 기준을 세우는 일이 어렵다.	1	2	3	4	5

41점 이상 자네에게는 소비 다이어트가 필요하네. 용돈이 부족한 게 아니라 건강한 소비 습관이 부족하구먼. 이 책의 처음으로 돌아가 다시 읽고, 실천해 보시게나.

31~40점 위험 수준! 4점이나 5점에 체크한 문항들을 다시 한번 살펴보고, 소비 습관의 문제점을 찾아보게나.

21~30점 자네는 조금만 노력하면 건강한 소비 습관을 얻을 수 있다네. 파이팅!

11~20점 잘하고 있군! 건강한 소비 습관을 위한 역량을 충분히 갖추고 있어. 앞으로 큰 발전이 기대된다네.

10점 이하 정말이지 놀랍군! 자네의 몸속에는 이미 부자 DNA가 심겨 있어. 하산하시게.

통장 만들기 완벽 정리

돈을 모으는 방법에는 여러 가지가 있어. 가장 간단하고 지금 당장 할 수 있는 건 돼지 저금통에 넣어 모으는 거야. 그런데 설마 돼지 모양의 저금통이 없다고 문방구로 달려가는 건 아니겠지? 돼지 저금통이 아니어도 돈을 담을 수 있는 어떤 것이든 저금통이 될 수 있단다. 물이나 음료수가 담겨 있던 페트병이나 테이크아웃용의 플라스틱 컵도 훌륭한 저금통이 될 수 있지. 다만 너의 책상 서랍만 아니면 돼. 특히 책상 서랍 속의 다른 물건들과 돈이 뒤섞이게 되면 가진 돈의 정확한 액수를 알 수 없을뿐더러, 돈을 함부로 다루게 되는 나쁜 습관이 생길 수도 있어.

돈을 모을 수 있는 또 다른 방법은 은행 통장에 저축하는 거야. 그러면 돈을 잃어버릴 위험도 없고, 은행에서 주는 이자도 받을 수 있지. 물론 이자가 크지는 않지만 큰돈은 작은 돈에서 시작된다는 거 다들 알고 있지?

그럼 은행에서 통장을 만드는 방법을 한번 알아볼까? 일단 은행에서 통장을 만들려면 부모님의 도움이 꼭 필요해. 부모님만 은행에 가서 만들 수는 있어도 만 14세 미만의 미성년자는 혼자서 통장을 만들 수 없거든. 아무리 은행 바닥에 드러눕고 시위를 해도 안 된단다. 법이 그래 법이.

'내 통장 내가 만들겠다는데 뭐가 이렇게 까다로워?' 하는 생각이 들지도 몰라. 하지만 한 번 만들면 평생 쓸 수 있고, 여러모로 이로운 점이 많으니 도전해 보자고. 자, 통장을 만들 때 필요한 준비물을 알려 줄게.

　가족관계증명서와 기본증명서는 대법원 전자가족관계등록시스템 웹사이트에서 발급이 가능하단다. 만약 네가 만 14세 이상이라면 혼자서도 통장을 만들 수 있어. '어라, 그렇다면 만 14세가 될 때까지 기다리면 되겠네.'라는 어리석은 생각으로 통장 만들기를 미루는 건 아니겠지? 내 이름으로 된 통장이 생긴다는 건 돈을 관리하는 소중한 경험들이 늘어난다는 의미와도 같아. 그러니 하루빨리 만드는 것이 좋아!

통장 만들기 준비물

만 14세 미만일 때	만 14세 이상일 때
· 은행에 같이 갈 부모님 · 부모님 신분증 · 나를 기준으로 한 가족관계증명서, 기본증명서(상세) · 내 도장	· 내 신분증(청소년증, 학생증, 주민등록증, 여권) *주민등록번호가 없는 학생증의 경우 주민등록초본, 가족관계증명서, 건강보험증 필요 · 내 도장 또는 서명

서류 조건

· 최근 3개월 이내에 발급 받은 것일 것
· 가족 관계(부·모 모두)와 주민등록번호 전체가 표시되어 있을 것

*각 은행마다 차이가 있을 수 있음

통장에 용돈을 넣어 두면 내가 모은 돈의 정확한 액수를 알 수 있고, 손에 쥐고만 있을 때에는 절대 생기지 않는 이자를 은행으로부터 받을 수 있으며, 부모님과 형제자매의 마수로부터 나의 용돈을 지킬 수 있다는 걸 명심해. 무엇보다도 모은 돈이 커질수록 네가 할 수 있는 일들도 많아진다는 사실! 기억하자.

은행마다 주는 이자와 혜택에 조금씩 차이가 있으니 꼼꼼히 따져 보는 것도 필요하지. 하지만 가장 좋은 건 집과 가까운 은행에서 통장을 개설하는 거야. 용돈이 모일 때마다 은행에 들러 통장에 입금하기가 쉽기 때문이지. 게다가 통장에 돈을 모아 불려 가는 재미를 느끼는 순간, 돈을 함부로 쓰는 일은 뿅! 하고 사라지고 네 안에는 부자 DNA가 탑재될 거야.

체크 카드 만들기 완벽 정리

통장은 태어나자마자 만들 수 있지만 카드는 만들 수 있는 나이가 정해져 있어. 체크 카드는 만 12세, 신용 카드는 만 19세 이상이 되어야 해. 체크 카드와 신용 카드의 차이가 뭐냐고?

체크 카드란 내 통장에 들어 있는 금액 범위 안에서만 자유롭게 돈을 쓸 수 있는 카드를 뜻해. 만약 연결된 은행 계좌의 잔액이 '0'이라면 사용할 수가 없지. 1만 원짜리 물건을 사려고 하는데 10원이 모자란 9,990원이 들어

 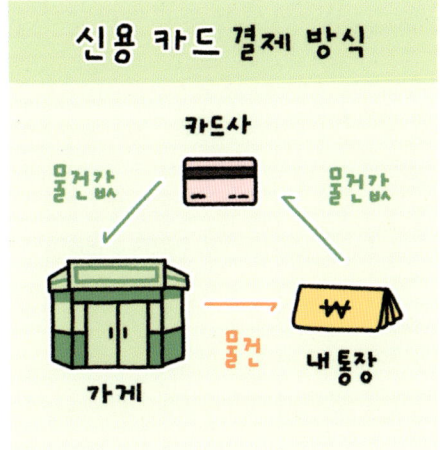

있어도 마찬가지야. 항상 구매하려는 것보다 많은 금액이 들어 있어야지만 결제가 이루어져.

반면 신용 카드는 결제하는 즉시 돈이 빠져나가지 않기 때문에 현재 나에게 구매하려는 금액만큼의 돈이 없어도 결제가 가능해. 따라서 신용 카드를 잘못 사용하면 카드 결제일에 눈덩이처럼 불어난 청구 금액 때문에 곤란한 일이 일어날 수가 있지. 신용 불량자가 될 수도 있고 말이야.

여기서는 청소년들이 쓸 수 있는 체크 카드에 대해 이야기해 볼게. 아이들이 체크 카드를 발급받는 이유 중 하나는 버스나 지하철을 타기 위해서야. 즉 교통 카드로 이용하기 위해서지. 부모님 카드를 대신 사용하게 되면 잃어버리거나 잘못 결제할 위험이 있으니, 아이의 명의로 체크 카드를 발급받고 필요한 만큼만 돈을 넣어 쓰는 거지.

요즘에는 아이의 용돈 관리를 위해 일부러 체크 카드를 만들어 주는 부모님도 늘고 있어. 용돈을 현금으로 주는 것이 아니라 체크 카드와 연결된 계좌에 입금해 주고 카드 사용 내역을 통해 소비 습관을 확인하지. 체크 카드 사용 내역이 곧 용돈 기입장 역할을 하게 되는 거야.

체크 카드를 만들기 위해서는 먼저 입출금 통장이 필요해. 이 또한 미성년자인 청소년의 나이에 따라 절차가 조금 달라진단다. 2018년 중반까지는 만 14세 이상만 발급받을 수 있었는데, 지금은 만 12세 이상이면 본인 명의로 된 체크 카드를 만들 수 있어. 또한 2020년부터 만 12세부터 18세까지의 청소년도 후불 교통 카드 기능을 이용할 수 있지. 후불이라는 건 지금 당장 연결된 통장 안에 잔액이 없어도 대중교통을 이용할 땐 사용이 가능하다는 걸 말해.

단, 만 12세에서 13세 사이라면 보호자의 도움이 꼭 필요해. 부모님과 함께 은행을 방문해야 발급이 가능하지. 온라인으로는 발급되지 않아. 이

체크 카드 만들기 준비물

만 12~13세일 때	만 14세 이상일 때
· 은행에 같이 갈 부모님 · 부모님 신분증 · 나를 기준으로 한 가족관계증명서, 기본증명서(상세)	· 내 신분증 (청소년증, 학생증, 주민등록증, 여권) · 주민등록초본 · 내 도장 또는 서명

때 필요한 준비물을 알려 줄게.

만 14세 이상이면 혼자서 은행에 가도 만들 수 있어. 체크 카드를 만들 때도 서류는 발급받은 지 3개월을 넘지 않은 최근 것이어야 하고, 주민등록번호가 모두 나오도록 '상세'로 출력해야 해.

체크 카드 사용에도 단점은 있어. 얇고 작기 때문에 잃어버릴 수 있다는 거지. 누군가 내 카드를 도용할 수도 있고 말이야. 또 결제할 때 줄어드는 잔액이 눈에 보이지 않으니, 과도하게 사용할 위험도 있지. 이럴 때 피해를 최소화하기 위해, 만 14세 미만인 경우에는 하루 1회 최대 사용 금액이 3만 원을 넘을 수 없고, 한 달을 통틀어 30만 원까지만 쓸 수 있어. 만 14세 이상이라면 하루 1회에 최대 100만 원까지 쓸 수 있고, 한 달에 500만 원까지 사용 할 수 있어.

하지만 이 역시도 적은 금액이라고 할 수 없어. 따라서 체크 카드를 만들고 사용하기 전 정해진 예산 안에서 돈을 사용하고, 내가 필요한 물건만 현명하게 소비하는 습관을 기르는 게 먼저라는 걸 잊지 마!

부록

아무것도 사지 않는 날

소비와 항상 붙어 다니는 친구가 있어. 바로 '생산 활동'이지. 생산 활동이란 우리가 구매하는 물건이나 서비스를 만들어 내는 모든 과정을 말해.

면 티셔츠 한 장을 샀다고 가정해 보자. 면 티셔츠의 재료가 되는 면화를 농장에서 수확하고 공장으로 옮긴 뒤 면화에서 실을 뽑아내 면직물로 만들고 이를 가공하여 티셔츠를 만들어 내는 과정 모두가 생산 활동이야.

소비를 많이 한다는 건 그만큼 많은 물건을 생산해 낸다는 뜻이기도 해. 특히 잘 팔리는 물건의 경우, 기업들은 더 많이 만들고 팔아서 돈을 벌려고 하지.

그런데 이렇게 물건이 끊임없이 생산되고, 소비되면 어떤 일이 벌어질까? 물건을 구매한 사람은 원하던 물건을 얻게 되었으니 기분이 좋을 거야. 기업은 물건을 팔고 돈을 벌었으니 역시 기쁠 테고. 하지만 지구의 입장에서는 어떨까?

아마도 전혀 반갑지 않은 일이겠지. 물건을 만들어 내기 위해 더 많은 에너지를 얻어야 하는데 그 에너지를 얻기 위해 석탄, 석유와 같은 화석 연료를 끊임없이 태워야 하니까. 화석 연료를 태울수록 대기에는 이산화 탄소가 많아지고 지구의 환경은 점점 더 오염될 수밖에 없어.

또한 우리가 소비한 물건들은 언젠가는 쓰임을 다하고 버려지게 되는데 이렇게 버려진 쓰레기는 소각돼서 대기 오염을 불러일으키거나 땅속에 묻혀 토양을 병들게 하지. 가끔은 바다로 흘러가기도 하고.

　그나마 다행인 건 이런 문제들의 심각성을 깨닫고 소비를 멈추어야 한다고 생각하는 사람들이 점차 늘어나고 있다는 거야. 지금으로부터 약 30년 전, 1992년 9월에 멕시코에서는 '아무것도 사지 않는 날'을 만들어 소비를 줄이자는 운동을 시작했는데, 지금은 미국, 영국, 이스라엘, 오스트리아, 독일, 뉴질랜드, 일본, 네덜란드, 프랑스 등 많은 나라 사람들이 이 운동에 동참하고 있어.

　'아무것도 사지 않는 날' 운동에 참여하는 사람들은 신용 카드 자르기나 핸드폰 꺼 놓기, 안 입는 옷 교환하기 등의 행사를 벌이며 과소비가 가져오는 문제를 그날 하루만이라도 진지하게 생각해 보는 시간을 갖는다고 해. 학교에서 40분 공부하고 10분 쉬는 것처럼, 우리도 일주일에 하루 또는 한 달에 하루 정도는 소비를 쉬어 보는 건 어떨까?

나가며

사람들은 인사말처럼 "행복하세요."라는 덕담을 종종 해. 우리는 모두 행복하길 바라고, 행복이라는 감정은 아무리 지나쳐도 부족함이 없으니까. 행복은 '안정된' 삶에 뿌리를 두고 있지. 그래서 돈은 중요하단다. 왜냐고? 돈은 나에게 꼭 필요한 물건을 살 수 있게 해 주고, 서비스를 이용하게 해 줘서 안정된 삶을 이루는 데에 큰 도움을 주기 때문이야.

특히 위기의 상황에서 돈은 더 큰 위력을 발휘하지. 돈이 부족하면 곤란을 겪기도 해. 아파서 병원에 입원해야 하거나, 일자리를 잃었을 때처럼 말이야. 살다 보면 이런 일은 누구에게나, 언제든 닥칠 수 있어.

돈이 전부라고 말할 순 없지만, 그 가치를 결코 가볍게 여길 수도 없어. 우리가 살아가는 자본주의 사회에서는 거의 모든 상품과 서비스를 돈으로 사야 하거든. 하지만 돈은 쓰고 나면 사라져 버려. 그래서 신중하게 써야 하지. 한 가지 다행인 건, 통장에 넣어 둔 돈은 썩지 않는다는 거야.

차곡차곡 모아 둔 돈으로 우리는 많은 일들을 할 수 있어. 다시 말해, 다양한 선택을 할 수 있다는 거지. 상품이나 서비스를 소비하는 일 외에도 돈을 모아 저축도 할 수 있고, 저축한 돈으로 투자를 해 자본을 늘리거나 다른 이들을 위해 기부를 하는 등 좋은 일에도 쓸 수 있어.

그러니 불필요한 과소비와 계획하지 않은 충동 소비를 줄여 보는 건 어떨까? 돈은 쓰는 재미도 있지만 모으는 재미, 불리는 재미, 나누는 재미도 있다는 사실을 잊지 말고.

티끌 모아 태산이라는 속담을 들어 본 적이 있니? 아무리 작은 티끌이라도 모이고 모이면 커다란 산처럼 불어난다는 뜻이야. 돈도 이와 마찬가지야. 계획하지 않았던 불필요한 소비를 줄이고 조금씩 돈을 모아 가면 자산이 불어나는 걸 볼 수 있어. 시간이 필요하겠지만 누구나 할 수 있는 일이야. 소비를 잘 관리하고, 작은 돈이라도 허투루 쓰지 않으려고 노력하다 보면 태산보다 더 커다란 현명한 소비 습관을 갖게 될 거란다.

빌 게이츠의 아버지는 항상 아들에게 이렇게 말했다고 해. "부자는 세상 사람들이 흔히 생각하듯, 허영에 빠져 소비를 자제하지 못하는 사람이 아니라, 자신의 생활과 소비를 적절하게 관리하는 사람이다."

현명한 소비 습관은 올바른 공부 습관만큼 중요하다는 걸 잊지 마. 돈 쓰는 재미뿐만 아니라 모으고 불리며 나누는 귀한 경험을 꼭 해 보기를 바라. 이왕이면 오늘부터 말이야.